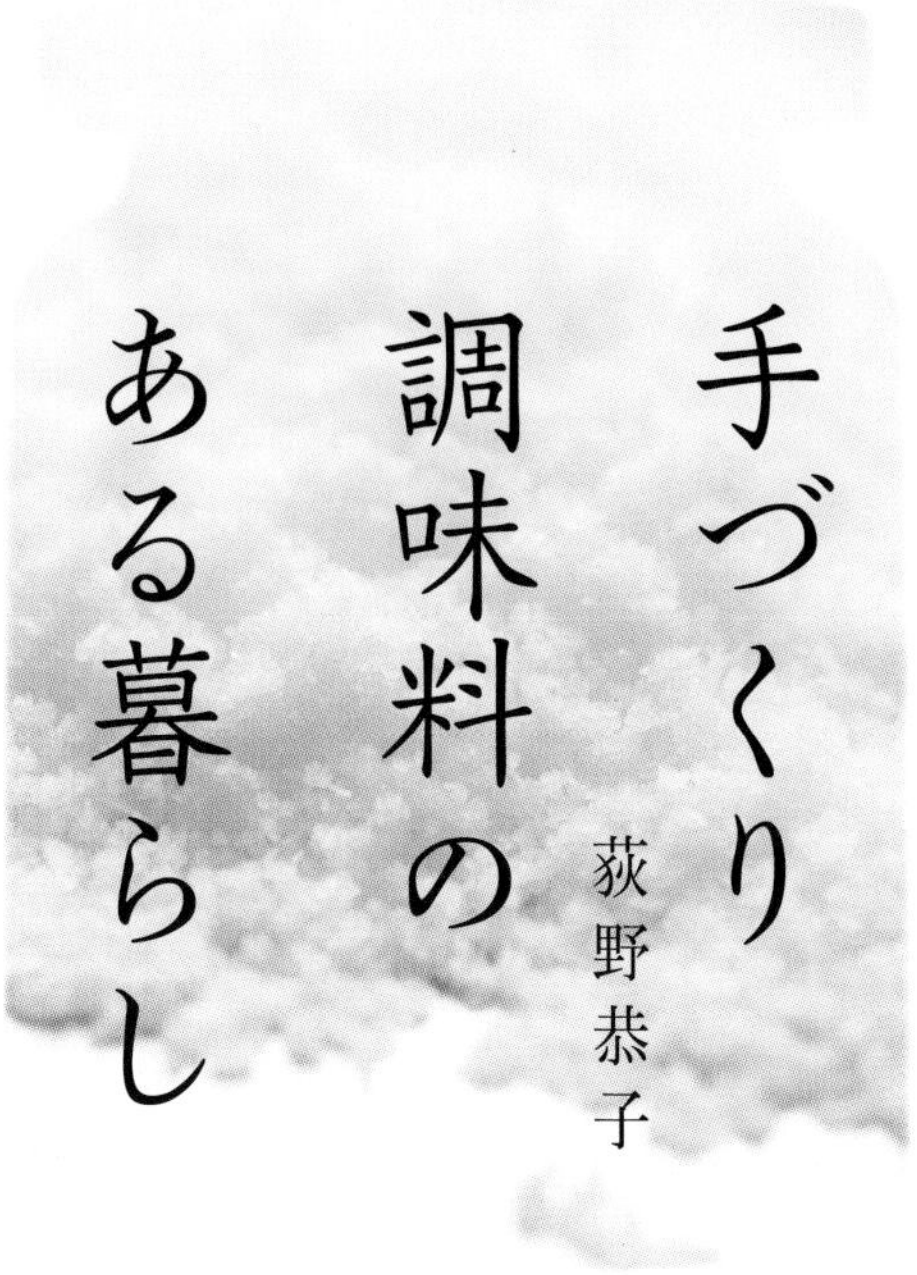

手づくり調味料のある暮らし

荻野恭子

おいしい、楽しい、そして安心。

手づくり調味料のある暮らし

幼かったころ、家業で忙しかった母に代わって、祖母が私の世話をしてくれました。料理上手な祖母は、食事やおやつはもちろん、調味料まで、すべてを自分で作って食べさせてくれました。明治生まれの彼女は、出来合いの惣菜や市販品を買うような習慣がなく、「手づくりすることがふつう」でした。私は、そんな祖母の影響を強く受けています。

この本では、私が日常的に作っている調味料のレシピをご紹介します。米みそやしょう油といった、祖母のやり方を見て自然と覚えたものから、豆板醤、XO醤、コチュジャン、魚醤、トマトソースなど、世界各地を歩くなかで学んだ各国の調味料まで幅広く取り上げました。素材の味を生かした手づくりの調味料は、市販品にはないフレッシュな風味が感じられます。ひと口食べれば自然と体にしみ渡り、やさしい気持ちになる、そんな味わいなのです。また本書では、それぞれの調味料を使って作る展開料理のレシピもご紹介します。和洋中、バラエティー豊かに取り揃えましたから、ぜひ、日々の献立に役立てていただければと思います。

「これだけ手づくりするのは、大変ではありませんか？」

皆さん、そう尋ねられます。けれども、調味料づくりは私の生活の一部。季節の楽しみにもなっています。

たとえばXO醤や辣油、柚子こしょうなどは、短時間で出来上がります。想像以上の手軽さに、驚かれる方も多いはずです。一方、みそ、しょう油、梅酢や魚醤などは、時

間こそかかりますが、仕込んだあとはねかせるだけ。時間がおいしくしてくれるのを待ちつつ、わが家の味がじっくりと育つさまを観察するのは楽しく、そんな時間が暮らしを心豊かなものにしてくれます。

手づくり調味料のよいところをもうひとつ挙げるなら、それは「安心・安全」です。産地や生産者など、原材料からこだわることができ、無理なく食べきれる量を作れば、保存料などを添加する必要もありません。

体は食べたものでできています。仕事に追われる現代人、また、育ち盛りのお子さんがいるご家庭の毎日はとても忙しいものですが、私としてはむしろ、そういった方にこそ、この本を届けたいと思っています。

手づくり調味料があれば、毎日の食事の質はぐんとよくなる。素材を生かした引き算の料理ができるのです。その豊かで楽しい暮らしを味わってほしいと願っています。

二〇二〇年春　荻野恭子

もくじ

レシピの計量単位は、カップ1杯は200㎖、大サジ1杯は15㎖、小サジ1杯は5㎖です。

手づくり調味料3つのコツ

①作り過ぎない

一度に大量に作るのは禁物。冷蔵庫やパントリーなどの場所をふさぎますし、古くなるとせっかくのフレッシュな味わいが損なわれてしまいます。短期間で食べきれる量を作り、なくなったらまた作る。それが暮らしのサイクルに手づくり調味料をうまく組み込むコツです。

②季節を楽しみながら

豆板醤はそら豆の旬、梅酢は梅が出回るころ、柚子こしょうなら青柚子や黄柚子の季節に、などなど。調味料にはその季節ならではの食材を使ったものが、少なくありません。ぜひ、この時季にはこの調味料と覚え、折にふれ、暮らしのなかで四季の移り変わりを楽しんでください。

③塩はほんの少しいいものを

調味料のほとんどすべてに入れるもの、それは塩。保存の意味でも、味わいの点でも欠くことのできない材料です。だから、私は塩だけはこだわって、ほんの少しだけいいものを求めるようにしています。「いいもの」と言っても、大した金額ではありません。洋服や装飾品にお金をかけるより、ずっと有意義なことと思っています。

豆板醬

（豆板辣醤）

日本でもなじみ深い中華調味料「豆板醤」。そら豆と赤唐辛子から作られます。諸説ありますが、そら豆を開いた形が板に似ていることから、この名がついたと言われています。

中国では、「豆瓣醤《トウバンジャン》」とは唐辛子の入っていないそら豆みそのこと。日本で豆板醤と呼ばれるそれは、「豆板辣醤《ラージャン》」と呼ばれます。辣《ラー》は、辣椒《ラージャオ》（＝唐辛子）を意味します。

豆板醤の名産地は、四川省の中心部から西北に30キロほど離れた、郫県《ピーシエン》（現・郫《ヒ》都《ト》区《ク》）。現地のレシピは手が込んだものですが、この本では本格的な味ながら、より手軽な作り方をご紹介します。生の唐辛子の代わりに、入手しやすい乾燥の唐辛子を使うのがポイントです。

豆板醤
（豆板辣醤）

材料（作りやすい分量）

そら豆…7～10本
（サヤから出した豆の状態で120g）
唐辛子（乾燥）…40g
塩…40g
薄力粉…大サジ1杯
水…カップ1杯

◎出来上がり量のめやす
約300㎖

◎保存のめやす
清潔な保存容器に入れて、冷蔵で1年（冷凍可）。

作業時間 1時間
ねかせる時間 5週間

1 そら豆の下準備

そら豆はサヤから出し、3～4分ゆでてザルに上げます。粗熱が取れたら、皮をむき、身は半分に割ります。皮は細かくちぎります。

2 薄力粉をまぶす

1をボールに入れ、薄力粉を加えます。手で混ぜて、全体にまんべんなく薄力粉をまぶします。

3 そら豆を発酵させる

2を盆ザルに広げます。上からもう一枚、盆ザルをかぶせて、室内の湿気の少ないところに置きます。朝夕1回ずつ、手で全体を混ぜて、上下を返し、空気に触れさせます。7日間、これをくり返します。

◎湿気の多い場所は、カビが生えやすいので避けます。また、豆が乾燥し過ぎるのを防ぐため、直射日光には当てないようにします。

3—a 発酵3日目

表面が乾燥し始めます。

3—b 発酵5日目

かさが減り、黒ずんできます。

3—c 発酵7日目

乾燥して、ほとんどカラカラの状態になったら、手順**4**に進みます。

発酵した豆板醤は
独特な甘い香り。
目をかけ、手をかけて、
楽しみながら、作りましょう。

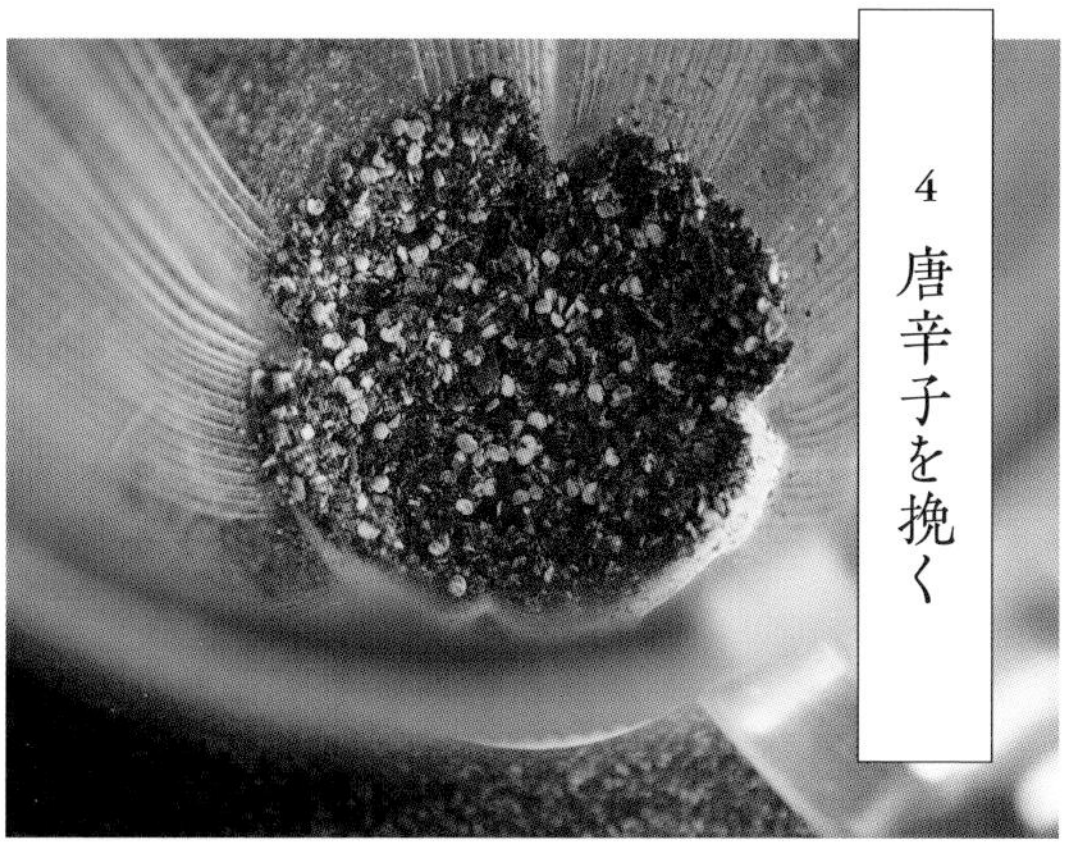

4 唐辛子を挽く

唐辛子はヘタを取り、種ごとミキサーやフードプロセッサーにかけて、粗挽きにします。ミキサーなどがない場合は、種ごと庖丁で刻みます。

5 材料を混ぜ合わせる

ボールに**3—c**のそら豆、唐辛子、塩、水を入れ、泡立て器でよく混ぜて、大きめの清潔な保存ビンに入れます。

6 ビンで発酵させる

フタを5㎜位ずらしてのせ、室内の湿気の少ないところに置きます。1カ月間、毎日1回混ぜて、発酵を進めます。フタをして、冷蔵庫で保存します。冷凍する場合は保存用ポリ袋に移します。

◎混ぜやすいように、ビンは大きめのものを用意します。1カ月後からおいしく食べられますが、時間が経つにつれて、さらに味がなじみます。

棒棒鶏《バンバンジー》

甘味を控え、豆板醤の辛味を生かした
四川風のタレをかけていただきます。
鶏肉のゆで汁は味をととのえてスープにしても。

材料と作り方（2人分）

鶏むね肉…大1枚（300g）
きゅうり…1本
長ねぎ（白い部分）…¼本分
香菜…1株
ピーナッツ（皮つき／無塩）…大サジ1杯
塩、コショー…各少々

A
長ねぎ（青い部分）…10cm
しょうがの皮…2片分
日本酒…大サジ2杯
水…カップ4杯

B
にんにく、しょうが（すりおろし）…各½片
しょう油…大サジ1と½杯
白すりごま…大サジ1杯
自家製豆板醤、酢…各大サジ½杯
砂糖…小サジ1杯
辣油…小サジ½杯

1 鶏むね肉は、火の通りをよくするため、分厚いところを庖丁の刃先で数カ所刺します。塩・コショーを全面にまぶします。

2 鍋に**1**の鶏肉と**A**を入れ、中火にかけます。沸いたら弱火にし、フタをして7分位ゆでて火を止め、そのまま粗熱を取ります。

3 きゅうりは長さ4cmの細切りにします。長ねぎは、長さ4cmのせん切りにし、水に5分位さらしてザルに上げ、キッチンペーパーで水気を吸い取ります。香菜は長さ1cmに切ります。ピーナッツは、皮つきのままポリ袋に入れ、上からめん棒でたたいて砕きます。

4 小さめのボールに**B**を入れ、よく混ぜ合わせます。

5 **2**の鶏肉を取り出し、皮を外します。皮は幅5mm位の細切りにし、肉はめん棒で全体をたたいて、手で食べやすく裂きます。

6 器に肉、皮の順に盛り、**3**のきゅうり、長ねぎ、香菜を添えます。**4**のタレをかけ、ピーナッツを散らします。

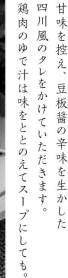

麻婆豆腐

ひき肉をじっくり炒めてうま味を引き出し、にんにく、しょうがの香りを効かせます。ピリリと効いた辛味に、ご飯がすすみます。

材料と作り方（2人分）

木綿豆腐…1丁（400g）
合いびき肉…100g
長ねぎ…10cm
にんにく、しょうが…各1片
花椒《ホワジャオ》（ホール）…小サジ1杯
塩…少々
サラダ油…大サジ3杯
自家製豆板醤、甜麺醤《テンメンジャン》…各大サジ½杯
豆豉《トウチ》…10粒
片栗粉…小サジ1杯（水小サジ2杯で溶く）

（混ぜ合わせる）
A
しょう油…大サジ1と½杯
日本酒…大サジ1杯
水…カップ½杯

1 長ねぎ、にんにく、しょうがは、みじん切りにします。花椒はすりつぶします。

2 豆腐は2cm角に切ります。鍋に湯を沸かし、塩と豆腐を入れて、5分位ゆでます。

3 フライパンにサラダ油大サジ1杯を中火で熱し、合いびき肉を2分半位炒めます。

4 肉の水分がとんでパラパラになり、肉汁が透明になったら、弱火にし、にんにく、しょうが、豆板醤、甜麺醤を加えて炒めます。香りが立ったら中火にし、**A**を加えて混ぜます。煮立ったら、水気をきった**2**の豆腐、豆豉を加え、豆腐をくずさないように、お玉の背を使って全体を混ぜ、2分位煮ます。

5 フライパンをゆすりながら、水溶き片栗粉をまわし入れて混ぜます。軽くトロミがついたら、サラダ油大サジ2杯、長ねぎ、花椒を加えてざっと混ぜ、器に盛ります。

エビのチリソース

カラつきのエビだからこそのコク深い仕上がり。
背に入れた庖丁目が食べやすさのポイントです。
手で持って、豪快にいただきます。

材料と作り方（2人分）

大正エビ…10尾（約270g）
長ねぎ（白い部分）…10cm
にんにく、しょうが…各½片
自家製豆板醤…大サジ½杯
サラダ油…大サジ3杯
ごま油…大サジ1杯
片栗粉、塩、コショー、日本酒…各適量
水溶き片栗粉（片栗粉小サジ½杯を水大サジ1杯で溶く）…適量

A（混ぜ合わせる）
砂糖、しょう油、日本酒…各大サジ1杯
酢…大サジ½杯
水…カップ¼杯

1 エビはボールに入れ、片栗粉、塩各大サジ½杯、かぶる位の水を加えて揉み洗いし、ザルに上げます。流水でよく洗い、水気をしっかり拭き取ります。

2 庖丁でエビの尾の先を斜めに切り落とし、刃先で汚れをかき出します（**a**）。背全体に浅く庖丁目を入れ（**b**）、背ワタを取り（**c**）、足を落とします。

3 ボールにエビと、塩・コショー、日本酒、水溶き片栗粉各少々を入れ、手でやさしく揉み込みます。

4 長ねぎ、にんにく、しょうがはみじん切りにします。

5 フライパンにサラダ油を中火で熱し、エビを入れて、返しながら揚げ焼きにします。エビのカラの色が変わったら、皿に取り出します（フライパンの油はそのまま残します）。

6 **5**のフライパンを弱火にかけて豆板醤を軽く炒め、にんにく、しょうがを加えてさらに炒めます。香りが立ったら中火にし、**5**のエビと**A**を加えて混ぜ、沸いたら2分位煮詰めます。水溶き片栗粉少々を加えて、手早く混ぜます。トロミがついたら、**4**の長ねぎ、ごま油を加えてざっと混ぜ、器に盛ります。

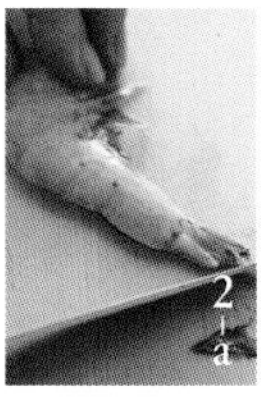

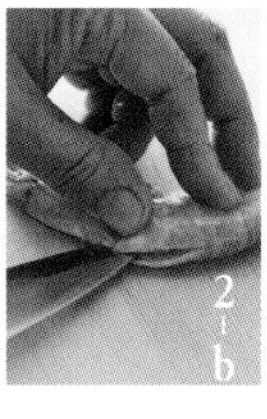

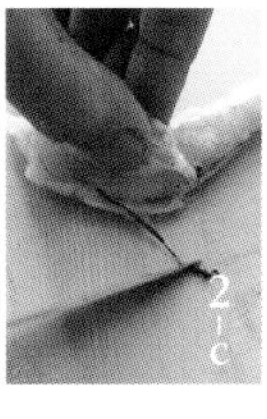

豆板醤

なすと豚肉の豆板醤炒め

甘めの味つけに、豆板醤の辛味がアクセント。
なすは素揚げすることでトロトロの食感に。
豚肉はしっかりと焼き、香ばしさを引き出します。

材料と作り方（2人分）

なす…3本
豚バラうす切り肉…100g
長ねぎ（白い部分）…5cm
にんにく、しょうが…各1片
自家製豆板醤…小サジ1杯
サラダ油…大サジ1杯
揚げ油…適量
片栗粉…小サジ½杯（水大サジ1杯で溶く）

A（混ぜ合わせる）
しょう油、日本酒…各大サジ1杯
砂糖…小サジ2杯
酢…小サジ1杯
水…大サジ2杯

1 なすはヘタを落とし、タテに8等分に切ります。長ねぎ、にんにく、しょうがはみじん切りにします。豚肉は幅2cmに切ります。

2 深めのフライパンに揚げ油を深さ1～2cmほど入れ、中火で170℃に熱します。**1**のなすを入れ、返しながら2分位揚げ、フチが茶色く色づいたら取り出して、油をきります。

2

3 **2**のフライパンの油をオイルポットに移し、フライパンに残った油を拭かずに中火にかけます。**1**の豚肉を入れて炒めます。豚肉に完全に火が通ったら、弱火にし、豆板醤を加えて軽く炒め合わせ、にんにく、しょうがを加えてさらに炒めます。

4 香りが立ったら、中火にし、**2**のなすをもどし入れ、**A**を加えて混ぜます。水溶き片栗粉を加えてさらに混ぜ、トロミがついたら**1**の長ねぎを加えてさらに混ぜます。サラダ油をまわしかけ、器に盛ります。

牛ひき肉と春雨の煮もの

煮汁をしっかりと含ませた春雨には、牛ひき肉のうま味がたっぷり。つるつるとした、食感も楽しいひと皿です。

材料と作り方（2人分）

牛ひき肉…150g
春雨…80g
長ねぎ…5cm
にんにく、しょうが…各1片
自家製豆板醤…小サジ1杯
ごま油…大サジ1杯
サラダ油…大サジ½杯
塩…適量

A〔混ぜ合わせる〕
しょう油…大サジ2杯
紹興酒…大サジ1杯
砂糖…大サジ½杯
水…カップ1と½杯

＊紹興酒は日本酒でも代用可

1 春雨は表示通りにもどしてザルに上げ、水気をきります。長ければ食べやすい長さに切ります。長ねぎ、にんにく、しょうがはみじん切りにします。

2 フライパンにサラダ油を中火で熱し、牛ひき肉を入れて炒めます。

3 牛ひき肉に完全に火が通ったら、弱火にし、豆板醤を入れて軽く炒め、にんにく、しょうがを加えて、香りが立つまでさらに炒めます。

4 1の春雨とAを加えて強火にし、汁気がほとんどなくなるまで、5〜6分煮ます。塩で味をととのえ、ごま油、長ねぎを加えてざっと混ぜ、器に盛ります。

XO醤

干しエビや干し貝柱などのうま味たっぷりの食材を、ふんだんに使って作るXO醤。１９８０年代後半に、香港のホテル「ザ・ペニンシュラ香港」が大々的に売り出し、人気に火がついた調味料です。

この本でご紹介するレシピは、当時、老舗中華食材店が開催していた講習会で習ったもの。本場では塩漬けした魚の干物を使いますが、日本では手に入りにくいので煮干しで代用。市販のオイスターソースを使うレシピもありますが、自家製にこだわって、生のカキを使います。実は一昨年、かのホテルでも作り方を習って来ました。簡略化していましたが、基本はほぼ同じ作り方でした。

炒めものやチャーハンなどにちょっと加えるだけで、ぐんと味に深みが出ます。ご飯にのせて、シンプルに味わっても。

XO醤

材料（作りやすい分量）
煮干し…10g
干し貝柱…40g
干しエビ、カキ、生ハム…各20g
玉ねぎ…小½コ
にんにく…1片
唐辛子（乾燥）…2本
サラダ油…カップ½杯
きび砂糖…小サジ1杯
紹興酒…大サジ1杯
塩…小サジ½杯

◎出来上がり量のめやす
約300㎖

◎保存のめやす
清潔な保存容器に入れて、冷蔵で2カ月。

作業時間 30分
作ったその日から食べられます。

1 乾物をもどしてちぎる

a

b

煮干しは頭とワタを取り除きます。小さめのボールに、煮干し、干し貝柱、干しエビ、水カップ½杯を入れて1時間30分位おきます。柔らかくもどしたら（**a**）、それぞれ細かくちぎり（**b**）、手でよく混ぜて、ボールの中の水気を完全に吸わせます。

うま味たっぷりの食材を
ふんだんに使って。
じっくりと炒め揚げすることで、
風味を油に移します。

2 他の材料の下準備

別のボールにカキ、塩小サジ½杯（分量外）、かぶる位の水を入れ、やさしく揉み洗いします。流水で洗い、ザルに上げて水気をきります。カキ、生ハム、玉ねぎは粗みじん切りにします。にんにくはタテ半分に切って芯を取り除き、粗みじん切りにします。唐辛子はヘタを落とし、小口切りにします。

3 玉ねぎとにんにくを炒める

フライパンにサラダ油、玉ねぎ、にんにくを入れ、弱めの中火にかけます。焦がさないように、時折フライパンをゆすりながら、じっくりと火を入れます。

4 その他の材料を加える

玉ねぎとにんにくがきつね色に色づいたら、一度火を止めます。唐辛子、砂糖、紹興酒、カキ、塩、生ハム、**1**を順に加えて、その都度、菜箸で混ぜます。

5 じっくり炒め揚げする

再び弱めの中火にかけます。油が沸いて全体が泡立ったら弱火にし、菜箸で混ぜながらじっくりと炒めます。材料の水気がとび、全体が茶色く色づいたら火を止め、熱いうちに清潔な保存容器に移します。この時、油から具材が顔を出すようなら、ヒタヒタになる位まで、サラダ油適量（分量外）を足します。

イカとブロッコリーのXO醤炒め

柔らかなイカと、ほどよく歯ごたえを残したブロッコリーが好相性。やさしい味わいがあとを引きます。

材料と作り方（2人分）

スルメイカ（胴、エンペラ）…1パイ分
ブロッコリー…½コ
長ねぎ…½本
しょうが…1片
自家製XO醤…大サジ2〜3杯
塩、サラダ油…各適量
ごま油…少々

A（混ぜ合わせる）
紹興酒…大サジ1杯
しょう油…大サジ½杯
砂糖…小サジ½杯
片栗粉…小サジ½杯（水小サジ1杯で溶く）

1　指先に滑り止めの塩をつけて、イカの胴の皮をむきます。タテに庖丁を入れて1枚に開き、タテ半分に切って2枚にします。エンペラとともに水で洗い、キッチンペーパーで水気を拭き取ります。

2　**1**の胴の内側に5㎜間隔の浅い庖丁目を入れ、90度動かして同様にし、斜め格子にします。裏返し、幅2.5㎝にヨコにそぎ切りし、エンペラは幅2.5㎝に切ります。
◎庖丁の刃をねかせて引くとよいでしょう。

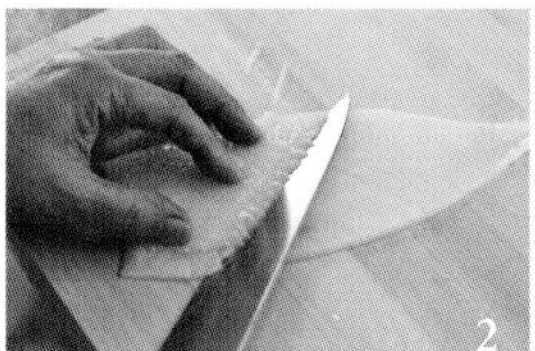

2

3　ボールに**2**のイカと塩少々を入れ、手で軽く揉みます。鍋に湯を沸かし、イカをさっとゆでてザルに上げます。

4　ブロッコリーは小房に切り分けます。鍋に湯を沸かし、塩とサラダ油各少々を加え、ブロッコリーをかためにゆでてザルに上げます。

5　長ねぎはタテ半分に切り、長さ2㎝に切ります。しょうがは皮をむき、うす切りにします。

6　フライパンにサラダ油大サジ1杯を中火で熱し、長ねぎ、しょうがを炒めます。長ねぎがしんなりとしたら強火にし、イカ、ブロッコリー、XO醤、**A**を加えて炒め合わせます。全体がなじみ、トロミがついたら、ごま油を加えて混ぜ、器に盛ります。

レタスチャーハン

塩やしょう油を控えめにすることで
XO醤のうま味が際立ちます。
シャキシャキのレタスがアクセント。

材料と作り方（2人分）

玉子…2コ
長ねぎ…1/4本
レタス…1枚
温かいご飯…400g
塩、コショー…各少々
サラダ油、しょう油…各大サジ1杯
自家製XO醤…大サジ3杯

1 小さめのボールに玉子、塩・コショーを加えて混ぜます。

2 長ねぎは粗みじん切りにします。レタスは3cm角に切ります。

3 フライパンにサラダ油を中火で熱します。1の玉子液を流し入れ、すぐにご飯を加えて、お玉で手早く混ぜ合わせます。

◎まず、お玉の裏でご飯をフライパンの底に押しつけるようにしてほぐし、大体ほぐれたら、お玉の先を使って全体を混ぜ合わせます。

4 ご飯がパラパラになったら、XO醤を加えて手早く混ぜ、続けて、2の長ねぎを加えてさっと炒め合わせます。2のレタスを加え、しょう油をまわしかけてざっと混ぜ、器に盛ります。

3

砂肝と香菜のXO醤和え

玉ねぎと香菜の香味が爽やか。
砂肝は隠し庖丁を入れ、コリコリとした歯ごたえを残しつつ、柔らかな食感に。

材料と作り方（2人分）

砂肝…6コ（100g）
長ねぎ（青い部分）…4cm
しょうが…1片
玉ねぎ…¼コ（50g）
きくらげ（乾燥）…2g
香菜…2本
紹興酒（または日本酒）…大サジ½杯
自家製XO醤…大サジ1杯
塩…少々

1 砂肝はうすい中央に庖丁を入れて、2つに切ります。青白い部分を庖丁でそぎ取ります。全体に幅3mmの格子状に、庖丁で浅い切り込みを入れます。長ねぎとしょうがはぶつ切りにします。

2 鍋に湯を沸かし、1の砂肝、長ねぎ、しょうが、紹興酒を入れ、砂肝の色が白っぽく変わるまで、中火で3分位ゆでます。ザルに上げて水気をきり、冷まします。

2

3 玉ねぎはセンイにそってうす切りにします。きくらげは水につけてもどし、ザルに上げて水気をきって、根元のかたい部分を除き、食べやすい大きさに切ります。香菜は葉を摘みます。

4 ボールに2の砂肝、XO醤大サジ⅔杯を入れて混ぜ、3の玉ねぎ、きくらげ、塩を加えてさらに混ぜます。3の香菜を加えてざっと混ぜ、器に盛ります。XO醤大サジ⅓杯をのせます。

豚肉と大根のXO醤スープ

時間をかけて大根を柔らかく煮るのがコツ。しょうががふわっと香る、滋味深いスープです。

材料と作り方（2人分）

豚バラうす切り肉…100g
大根…3cm（100g）
しょうが…1片
長ねぎ…5cm
紹興酒（または日本酒）…大サジ1杯
自家製XO醤…大サジ2杯
塩、コショー…各適量

1 豚肉は食べやすい大きさに切ります。大根は皮をむいて幅8mmの半月切りにします。しょうがは皮ごと幅3mmのいちょう切りにします。長ねぎはみじん切りにします。

2 鍋に水カップ2と½杯、**1**の豚肉、大根、しょうが、紹興酒を入れ、中火にかけます。沸いたらアクを取って弱火にし、フタをして大根が柔らかくなるまで20〜30分煮ます。塩・コショーで味をととのえ、器によそい、**1**の長ねぎを半量ずつ散らして、XO醤を半量ずつのせます。

XO醤のスクランブルエッグ

少ない材料で、さっとできるひと品。XO醤の油を多めに使って炒めるとおいしい。

材料と作り方（2人分）

玉子…3コ
長ねぎ…15cm
自家製XO醤…大サジ1杯
塩、黒コショー…各少々
自家製XO醤の油…大サジ1杯

1 長ねぎはタテ半分に切り、断面を下にしてさらにタテに細切りにします。ボールに玉子、XO醤大サジ½杯、塩・コショーを入れ、よく溶き混ぜます。

2 フライパンにXO醤の油を中火で熱し、長ねぎをさっと炒めます。**1**の玉子液を加え、大きく混ぜます。白味に半熟のところが残る位で火を止め、器に盛り、XO醤大サジ½杯を散らします。

コラム

自家製ならもっとおいしい、ドレッシングとタレ

すぐにできるから嬉しい。
新鮮さがおいしさの決め手です。

マヨネーズ　レモン果汁で爽やかに

ボールに、玉子の黄味1コ分、レモン果汁大サジ1杯、粒マスタード小サジ1杯、塩、きび砂糖各小サジ¾杯を入れ、泡立て器でよく混ぜます。太白ごま油カップ1杯を少しずつ加え、その都度、泡立て器でよく混ぜ、もったりとしたら出来上がり。黒ずみを防ぐため、金属製のボールは避け、ガラス製やプラスチック製のボールで作ります。油は、香りのない植物油ならば他のものでも。

◎**出来上がり量のめやす**　約230㎖
◎**保存のめやす**　清潔な保存容器に入れて、冷蔵で2週間。

ポン酢しょう油　鍋ものやサラダにも

小さめのボールに、柚子果汁、しょう油各大サジ2杯、きび砂糖小サジ1杯を入れ、よく混ぜて砂糖を溶かします。「青柚子こしょう」（72頁）や「黄柚子こしょう」（76頁）を作り、果汁が余った時にもおすすめです。

◎**出来上がり量のめやす**　約65㎖
◎**保存のめやす**　清潔な保存容器に入れて、冷蔵で1週間。

フレンチドレッシング　材料をビンに入れて振るだけ

清潔なビンに、オリーブ油、太白ごま油、レモン果汁各大サジ2杯、塩小サジ1杯、きび砂糖小サジ½杯、コショー少々を入れてフタをし、よく振って、トロリとしたら出来上がり。油は、香りのない植物油ならば他のものでも。

◎**出来上がり量のめやす**　約100㎖
◎**保存のめやす**　清潔な保存容器に入れて、冷蔵で2週間。

オイスターソース&カキの油漬け

「オイスターソース」は「カキ油」とも呼ばれ、広東料理をはじめ、中華料理には欠かせない調味料です。中国南部・広東省の海岸では、カキがたくさんとれるので、カキをさまざまに加工して保存する方法が考えられました。カキを塩ゆでしてから日干しした「蠔鼓《ハオチー》」もそのひとつで、一説には、その煮汁にうま味が多く含まれていることを発見した人が、これを濃縮して液体調味料を作ったのがオイスターソースの始まりということです。

ここでご紹介するのは、玉ねぎを炒めてカラメル状にして加えることで、カキのうま味に自然な甘味とコクを加えたレシピです。余計な調味料や添加物が入りませんから、市販品よりさらっとしていて、雑味がありません。一緒に出来る「カキの油漬け」も絶品ですよ。

オイスターソース&カキの油漬け

材料（作りやすい分量）

カキ…400g
玉ねぎ…¼コ（50g）
きび砂糖…大サジ2杯
紹興酒…カップ1杯
五香粉《ウーシャンフェン》…小サジ⅕杯
コショー…少々
塩、太白ごま油…各適量

◎出来上がり量のめやす
オイスターソース約300㎖、カキの油漬け約300㎖

◎保存のめやす
清潔な保存容器に入れて、ともに冷蔵で2カ月。

作業時間　合わせて50分
作ったその日から食べられます。

1 材料を切る

玉ねぎはみじん切りにします。

2 カキの下処理

カキはボールに入れ、塩少々を振って、手でやさしく揉みます。かぶる位の水を加えてさらに揉み洗いし、ザルに上げ、流水で洗って水気をきります。キッチンペーパーでしっかりと水気を拭き取ります。

3 カキに下味をつける

2のカキをボールに入れ、塩大サジ1杯を振って、手でやさしく揉み込みます。

4 カラメルを作る

a

フライパンに、**1**の玉ねぎ、砂糖大サジ1杯、水大サジ1杯を入れて中火にかけます（**a**）。

b

水分がとび、色づいてきたら木ベラなどで絶えず混ぜながら、濃い茶色になるまで炒めます（b）。

5 材料を煮詰める

a

b

4のフライパンに、紹興酒、3のカキを塩ごと、五香粉、コショー、水カップ1杯を加え（a）、弱めの中火にして、沸いてから20分煮詰めます（b）。途中、アクを取ります。

主材料はカキと玉ねぎだけ。雑味のないうま味が楽しめます。液状のソースはもちろん、油漬けにしたカキもおいしい。

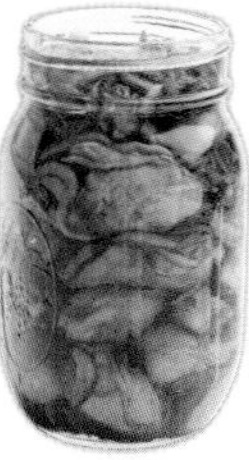

6 漉して仕上げる

a

b

ボールにザルを重ね、5を漉して、煮汁を分けます（a）。フライパンに煮汁を戻し、砂糖大サジ1杯、塩大サジ½杯を加え、弱火にかけて溶かします。オイスターソースの出来上がりです（b）。ザルに残ったカキは保存容器に入れ、ヒタヒタまで太白ごま油を注ぎます。

牛肉とタアサイの炒めもの

オイスターソースのコクを生かした、シンプルな炒めもの。下ゆでしたタアサイは、最後にさっと炒め合わせて。

材料と作り方（2人分）

牛もも肉（焼き肉用）…200g
タアサイ…½株（100g）
＊タアサイは他の青菜でも代用可
長ねぎ…¼本
にんにく…1片
塩、コショー…各少々
片栗粉…小サジ1杯（水大サジ1杯で溶く）
ごま油…小サジ1杯
自家製オイスターソース…大サジ1と½杯
サラダ油…適量

1 牛肉は幅1.5cmに切ってボールに入れ、塩・コショー、水溶き片栗粉、ごま油を加えて、手で軽く揉み込みます。

2 タアサイは根を落とし、長さを3等分に切ります。鍋に湯を沸かして、サラダ油少々、タアサイの軸、葉の順に加えてさっとゆで、ザルに上げて水気をきります。

3 長ねぎは長さ4cmに切り、タテに細切りにします。にんにくはタテ半分に切り、芯を取り除いてタテにうす切りにします。

4 フライパンにサラダ油大サジ2杯を中火で熱して**1**の牛肉を入れ、裏面に焼き色がついたら返します。**3**の長ねぎ、にんにくを加えて炒め合わせ、**2**のタアサイを加えてざっと混ぜます。オイスターソースをまわし入れて、塩で味をととのえます。サラダ油少々を加えてざっと混ぜ、器に盛ります。

1

4

カキの炊き込みご飯

プリプリとしたカキの身を使った
ごちそう炊き込みご飯です。

材料と作り方（2〜3人分）

米…カップ1杯
カキの油漬け…6コ
長ねぎ…10㎝
干しエビ…小サジ1杯
干し椎茸（うす切りのもの）…3g
自家製オイスターソース…大サジ1と½杯
ごま油…少々

1 米は洗ってザルに上げ、30分位おきます。

2 長ねぎはみじん切りにします。さっと洗った干しエビ、干し椎茸はそれぞれボールに入れ、水各カップ½杯を加えて30分ほどもどします。エビ、椎茸は取り出して軽くしぼり、もどし汁は捨てずに取り分けておきます。エビは粗みじんにします。

3 **2**のもどし汁合わせてカップ1杯をボールに入れ、オイスターソース、ごま油を加えて混ぜます。

◎もどし汁が足りなければ水を足します。

4 鍋に**1**の米を入れ、**2**の長ねぎ、エビ、椎茸、カキの油漬けをのせて、**3**を加えます。中火にかけ、沸いたら弱火で12分炊き、火を止めて3分蒸らします。しゃもじで混ぜ、器に盛ります。

カキのスープ

カキのうま味があればダシ要らず。
コク深い中華スープが
さっと作れます。

材料と作り方（2人分）

カキの油漬け…6コ
豚バラうす切り肉…100g
長ねぎ…10㎝
しょうが…1片
香菜…1本
塩…適量

1 豚肉は食べやすく切ります。長ねぎは幅1.5㎝の斜め切りにします。しょうがは皮ごとうす切りに、香菜はざく切りにします。

2 鍋に香菜以外の**1**、水カップ3杯を入れて弱火にかけ、沸いたらカキの油漬けを加えて10分煮ます。塩で味をととのえ、器に盛り、香菜を散らします。

カキとニラの焼きそば

オイスターソースの味わいを生かすため、加える具材はあえて少なく。食べ飽きない海鮮焼きそばです。

材料と作り方（2人分）

カキの油漬け…6コ
ニラ…1束
長ねぎ…½本
しょうが…1片
中華麺（生）…2玉
自家製オイスターソース…大サジ1と½杯
ごま油…大サジ2杯
黒コショー…少々
塩、カキの油漬けの油…各適量

1 カキは半分に切ります。ニラは長さ4cmに切ります。長ねぎは長さ4cmに切り、タテにうす切りにします。しょうがは皮ごとせん切りにします。

2 鍋に湯を沸かし、塩適量を入れて、中華麺を表示通りにゆで、ザルに上げます。流水で洗ってぬめりを取り、水気をきります。ボールに入れ、カキの油漬けの油適量を加えて全体にまぶします。

3 フライパンにごま油大サジ1杯を中火で熱し、長ねぎ、しょうがを入れて軽く炒めます。**2**の中華麺を加え、オイスターソース大サジ1杯をまわしかけて炒めます。

4 **3**にニラ、カキ、オイスターソース大サジ½杯を加え、全体をざっと炒め合わせ、ごま油大サジ1杯をまわし入れて、塩で味をととのえます。器に盛り、黒コショーを振ります。

3

辣油

　中華料理には、「油通し」という技法があります。中華鍋で熱したたっぷりの油の中へ、野菜や肉などの食材を泳がせ、素早く油から引き上げます。食材の色を鮮やかにして食感をよくしたり、手早く食材に火を通すことができたりと、おいしく仕上げるためにとても大切な手法なのですが、これをすると、使用済みの油がたくさん出るのです。

　私は20代の頃、陳建民氏が主宰する恵比寿中国料理学院に通っていたのですが、そこでも、大量の使用済み油があって、捨ててしまうにはもったいないと困っていました。油を生かす方法はないかと考えて、作られていたのがこの辣油です。もちろん、新しい油で作れば、よりおいしい。自家製ならではの、はっとするほど豊かな香りを楽しんでください。

辣油

材料（作りやすい分量）

ごま油…カップ½杯
しょうがの皮…1片分
長ねぎ（青い部分）…6㎝×2コ
韓国産粉唐辛子（粗挽き）…大サジ1杯
白ごま…小サジ1杯
花椒《ホワジャオ》（ホール）…小サジ½杯

◎**出来上がり量のめやす**
約150㎖

◎**保存のめやす**
清潔な保存容器に入れて、常温で1年。

作業時間 20分
作ったその日から食べられます。

1 材料の下準備

すり鉢に花椒を入れ、すりこ木で粗くつぶします。白ごまを加えて、さらによくすります。耐熱ボールに入れ、粉唐辛子を加えます。長ねぎはタテ半分に裂きます。

2 ごま油に香りを移す

フライパンにごま油を入れて強火にかけ、しょうがの皮、長ねぎを入れます。油が沸いたら弱火にし、香りが立ち、長ねぎのフチが色づくまで、7〜8分熱します。

3 材料を合わせる

a

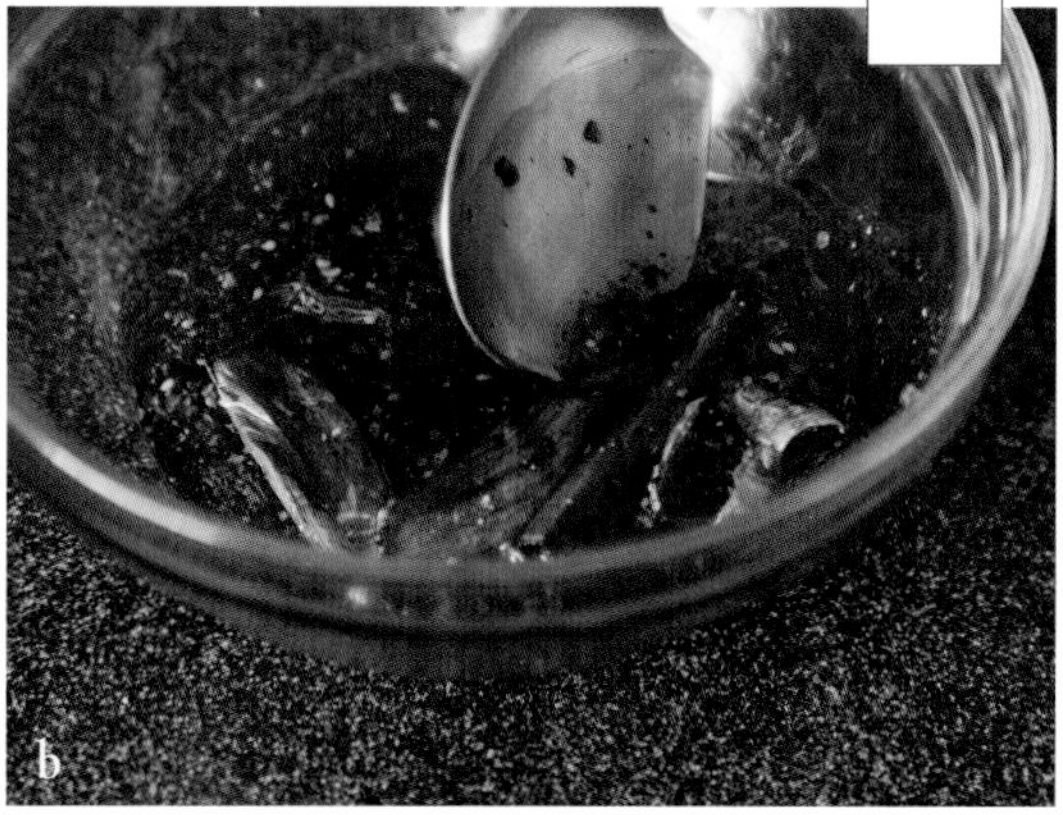

b

1の耐熱ボールに、2の油を注ぎます（a）。スプーンなどでよく混ぜ、そのまま冷まします（b）。しょうがの皮と長ねぎを除いて容器に移します。

◎すぐに食べられますが、時間が経つにつれて、さらに全体がなじみ、香りと辛味が油に移ります。

熱した香味油を、唐辛子と花椒にジャッとかけて。はっとするほどよい香りが立ち上ります。

担担和え麺

本場中国の担担麺は和え麺が主流。
シャキシャキのもやしを加えた麺と、
ピリ辛の肉みそをよく混ぜていただきます。

材料と作り方（2人分）

合いびき肉…100g
中華麺（生）…2玉
もやし…1袋
香菜…2株
ニラ…2本
長ねぎ…10㎝
豆板醤…小サジ2杯
自家製辣油、サラダ油、塩…各適量

A
白すりごま…大サジ1杯
にんにく、しょうが…各1片
干しエビ…大サジ1杯
しょう油…大サジ2杯

B
酢…大サジ½杯

1 干しエビはさっと洗い、水カップ½杯でもどして軽くしぼり、みじん切りにします。もどし汁は捨てずに取り分けておきます。

2 もやしはひげ根を取ります。香菜は葉を摘んで粗く刻みます。ニラは幅1㎝に切ります。長ねぎ、にんにく、しょうがはみじん切りにします。

3 フライパンにサラダ油大サジ1杯、ひき肉を入れ、弱火で炒めます。肉の色が変わったら豆板醤を加え、軽く炒め合わせます。Aを加えてさらに炒め、香りが立ったら、B、1の干しエビのもどし汁大サジ2杯を加えて混ぜます。中火にし、水気がほとんどなくなるまで煮詰めます。

3

4 大きめの鍋にたっぷりの湯を沸かし、サラダ油、塩各少々を入れ、中華麺ともやしを加え、麺の表示通りにゆでます。麺ともやしを一緒にザルに上げ、水気をきり、ざっと混ぜ合わせます。

5 器に4の麺ともやし、3の肉みそを半量ずつ盛り、長ねぎ、香菜、ニラを半量ずつ散らして、辣油をかけます。よく混ぜていただきます。

皮から作る焼き餃子

自家製皮はモチモチで、食べごたえも充分。タネははじめに手で混ぜ、野菜を加えたら菜箸で混ぜるのが水っぽくならないコツです。

材料と作り方（40コ分）

皮
- 強力粉、薄力粉…各150g
- 塩…小サジ½杯

タネ
- 豚ひき肉…150g
- ニラ（幅8㎜に切る）…100g
- 長ねぎ（みじん切り）…¼本分
- しょうが（すりおろし）…1片分

A
- ごま油…大サジ1杯
- しょう油…小サジ1杯
- 塩…小サジ½杯
- 砂糖…小サジ¼杯
- コショー…少々

サラダ油、打ち粉（強力粉）…各適量

（混ぜ合わせる）

タレ
- 自家製辣油、黒酢、しょう油…各適量

1
皮を作ります。ボールに皮の材料を入れて混ぜ、真ん中をくぼませます。70~80℃の湯180mlを、粉のくぼみに注ぎます（**a**）。最初は木ベラなどで混ぜ、触れられる位の温度になったら、手の指を立て、ぐるぐるとかき混ぜます（**b**）。

1-a

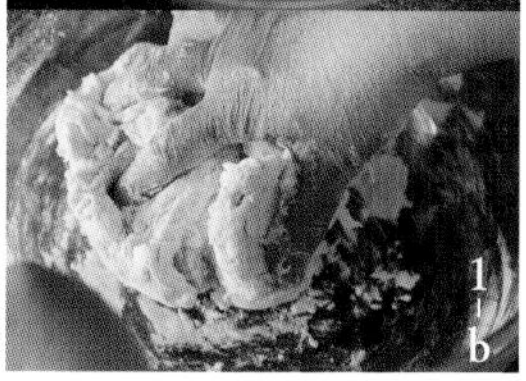
1-b

2
全体がひとまとまりになったら、ラップで生地をぴったりと包み、室温で30分位休ませます。

3
タネを作ります。ボールにひき肉、**A**、水大サジ2杯を入れ、粘りが出るまで、手でよく混ぜます。

2

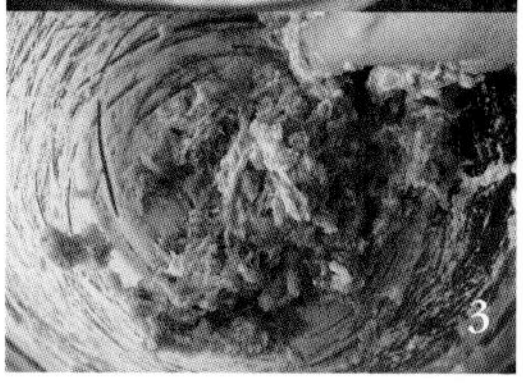
3

4
3にニラ、長ねぎ、しょうがを加え、菜箸で混ぜ合わせます。

4

5
皮を仕上げます。**2**のラップを外して生地を両手で持ち（**a**）、中央に指で穴を開けてリング状にします（**b**）。半分にちぎり（**c**）、さらに半分にして、4本にします（**d**）。

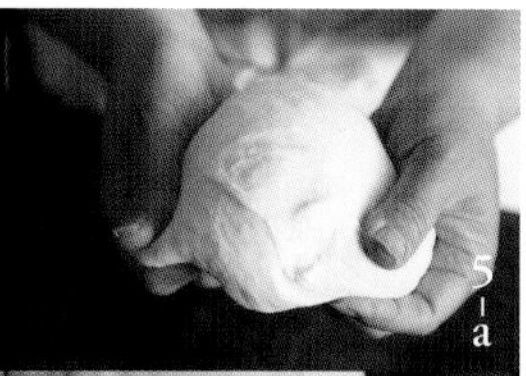
5-a

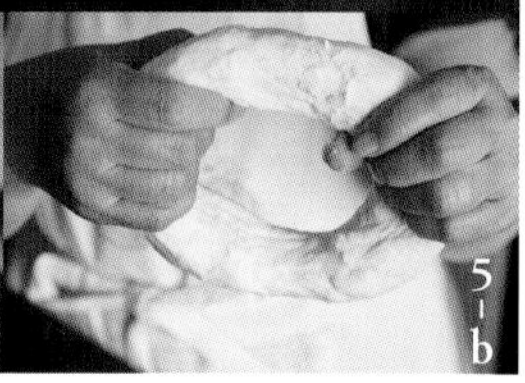
5-b

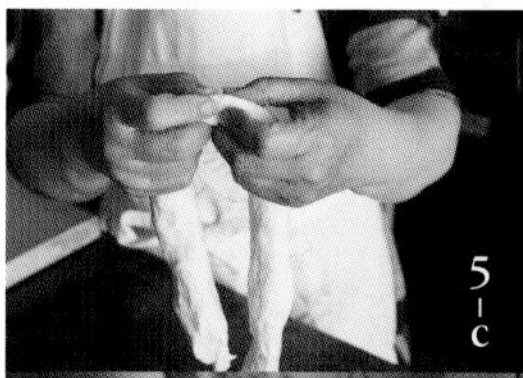
5-c

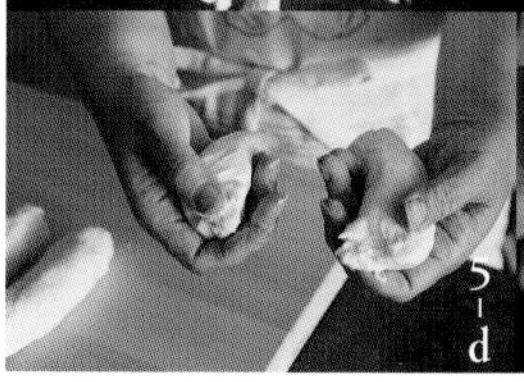
5-d

6
1本をそれぞれ10等分します。

6

7
まな板に打ち粉をし、その上で**6**を手でころがして丸め（**a**）、手のひらのつけ根で押して平たくします（**b**）。

7-a

7-b

8
めん棒を利き手で、生地をもう片方の手で持ち、生地を少しずつ回しながらめん棒でのばして（**a**）、直径8cm位の円形にします（**b**）。

8-a

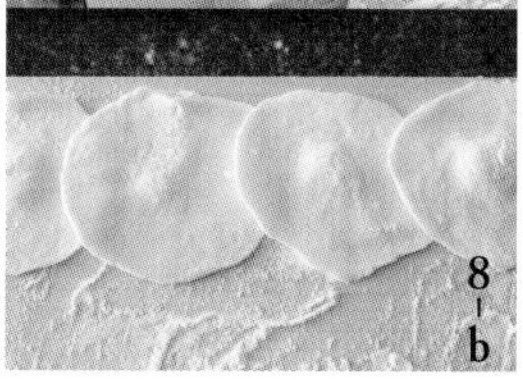
8-b

◎生地同士がつかないよう、打ち粉を多めにして、少しずつずらして重ねます。

9
皮に**4**のタネを1/40量ずつのせ、半分に折り、生地上部の真ん中をつまんで閉じます（**a**）。

◎両脇が開いている状態（b）にすると、タネの肉汁とうま味が、皮に移ります。

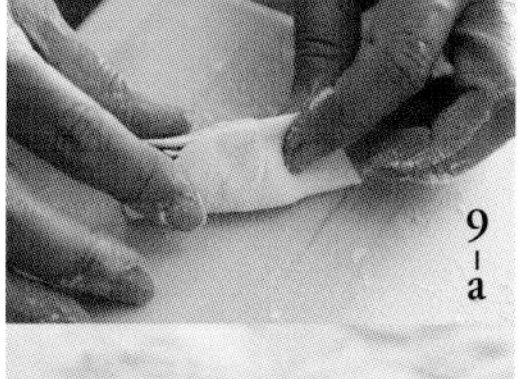
9-a

9-b

10
直径26cm位のフライパンにサラダ油適量を中火で熱し、**9**を10コずつ2列に並べます。下面に焼き色がついたら（**a**）、水80mlを加え、すぐにフタをして強火で2分位蒸し焼きにします（**b**）。水分が完全にとんだら、フタを取り、サラダ油適量をまわしかけてさらに焼き、カリッとさせます。器に盛り、タレをつけていただきます。

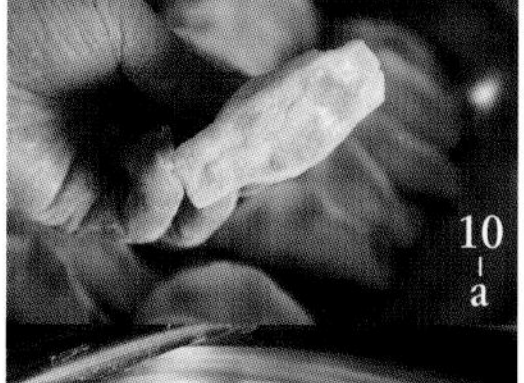
10-a

10-b

こんにゃくときゅうりの辣油和えサラダ

西安の夏の名物麺料理、涼皮《リャンピー》を模したひと品。こんにゃくの喉ごしのよさがおいしさの決め手。黒酢の酸味と辣油の辛味があとを引きます。

材料と作り方（2人分）

こんにゃく（白）…220g
きゅうり…1本
香菜…2株
ピーナッツ（皮つき／無塩）…20g
塩…少々

〔混ぜ合わせる〕
A 自家製辣油、しょう油…各大サジ1杯
黒酢…大サジ½杯

1 きゅうりはヨコ半分に切り、ピーラーでうすくそぎ切りにします。ザルに入れ、流水でさっと洗って水気をきり、キッチンペーパーで水気を拭き取ります。

2 こんにゃくはタテにうす切りにし、ボールに入れて塩を加え、軽く揉みます。ザルに入れ、流水で洗います。鍋に湯を沸かし、こんにゃくをさっとゆでてザルに上げ、流水で洗って粗熱を取ります。キッチンペーパーで水気を拭き取り、完全に冷まします。

3 香菜は葉を摘み、茎は長さ1.5㎝に切ります。ピーナッツは皮をむいてカラ炒りし、ポリ袋に入れて、上からめん棒でたたいて粗くつぶします。

4 ボールに**1**のきゅうり、**2**のこんにゃくを入れて、混ぜ合わせます。器に盛り、香菜、ピーナッツの順に散らし、**A**をまわしかけます。よく混ぜていただきます。

豆《トウ》鼓《チ》&豆みそ

みその起源は中国にあります。中国は、大豆の原産国。昔から、大豆のうま味を生かして、多くの調味料を作り出してきました。豆みそは、言わばその代表格です。ゆでたり蒸したりした大豆に、小麦粉を混ぜて豆こうじを作り、塩と水を加え、発酵、熟成させて作ります。しょう油や豆鼓もまた、豆こうじから作られる調味料のひとつです。

中国は仏教が盛んな国ですが、大豆がよく食べられてきたのには、それも関係しています。仏教徒は、戒律で肉や魚を食べることを禁じられています。そんな彼らに提供されるのが、肉や魚の食品を模した精進料理。その主材料のひとつが豆腐なのです。大豆というひとつの食材を、さまざまに加工しておいしくいただく。中国の人の賢い知恵ですね。

豆豉＆豆みそ

豆こうじに
塩を加えて豆豉に、
塩と水を加えれば
豆みそに。
ポリ袋で作ると、
衛生的で手軽です。

材料（作りやすい分量）
豆こうじ…1kg
（豆豉用に500g、豆みそ用に500g）
粗塩…200g
（豆豉用に100g、豆みそ用に100g）

◎出来上がり量のめやす
豆豉、豆みそとも、約600mℓ

◎保存のめやす
ともに清潔な保存容器に入れて、冷蔵で1年。

作業時間　合わせて10分
ねかせる時間　4〜5カ月

〔豆豉〕

1 袋に材料を入れる

厚手のポリ袋に、豆こうじ、塩を入れます。

2 塩をまぶしてねかす

ポリ袋の口の部分を握って袋を振り、豆こうじにまんべんなく塩をまぶします。袋の空気を抜いて口を結び、冷暗所において、4カ月位ねかせます。
◎発酵が進むにつれて、豆こうじの色がだんだんと茶色っぽくなってきます。4カ月後から食べられますが、時間が経つにつれて、さらに味がなじみます。

column
豆みそを使った甜麺醤の作り方

小鍋に、豆みそ100g、紹興酒カップ¼杯、砂糖大サジ3杯、ごま油大サジ1杯、五香粉《ウーシャンフェン》少々を入れて混ぜ、中火にかけます。ゴムベラでよく練りながら5分煮詰め、水気がとんで、全体がもったりとしたら火を止めます。清潔な保存容器に入れ、冷蔵で3カ月保存可。

〔豆みそ〕

1 袋に材料を入れる

厚手のポリ袋に、豆こうじ、塩、水カップ1杯を入れます。

2 混ぜ合わせる

袋の上から軽く揉み、全体を混ぜ合わせます。

◎塩は時間が経つと自然に溶けるので、溶け残っていても結構です。

3 袋の空気を抜く

袋の空気を抜いて口の部分を握り、袋の上から何度か両手でギュッと押さえて圧をかけ、しっかりと空気を抜きます。袋の口を結びます。

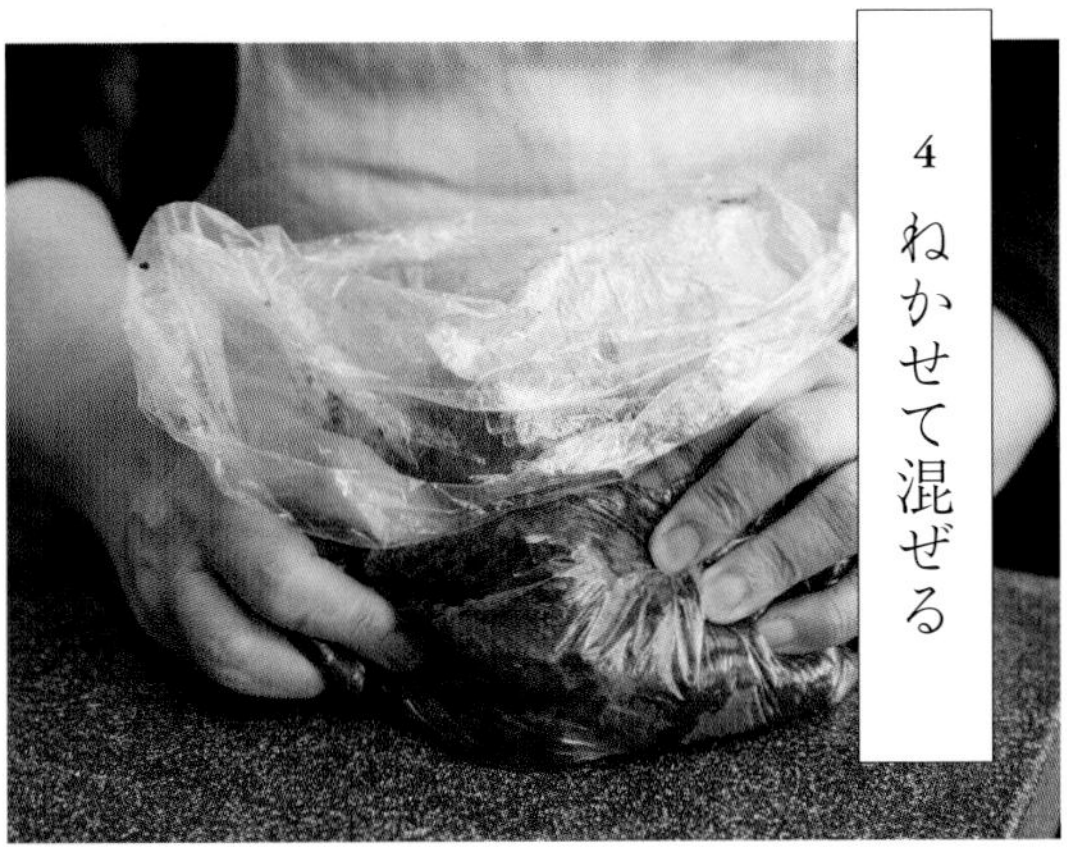

4 ねかせて混ぜる

冷暗所で5カ月位ねかせます。月に1度、袋の口を開けて中身を空気に触れさせ、袋の上から豆をつまんでつぶしながら揉んで、全体を混ぜ合わせます。

◎発酵が進むにつれてだんだんと濃い茶色になり、なめらかになってきます。5カ月後から食べられますが、時間が経つにつれて、さらに味がなじみます。

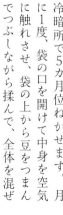

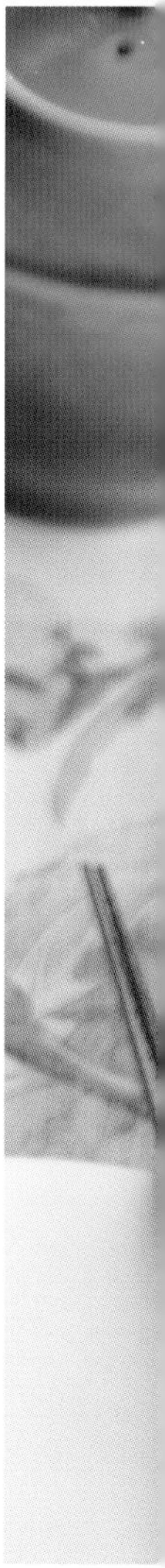

粉蒸鶏《フェンジャンチー》

炒って粗く砕いた米を具材にまぶして蒸し上げる、いっぷう変わった四川料理。甜麺醤と豆板醤の甘辛味に箸が進みます。

材料と作り方（2人分）

鶏もも肉…1枚（250g）
じゃがいも…2コ
長ねぎ…½本
しょうが、にんにく…各1片
米…大サジ2杯
塩…少々
ごま油…大サジ1杯

A 紹興酒、自家製甜麺醤…各大サジ1杯
砂糖…大サジ½杯
豆板醤、しょう油…各小サジ1杯

＊紹興酒は日本酒でも代用可

1 鶏肉は余分な脂を取り除き、ひと口大に切って、塩を振ります。

2 じゃがいもは皮をむき、小さめのひと口大に切ります。長ねぎは半分を長さ2㎝のぶつ切りに、残りの半分はみじん切りにします。しょうがは皮をむき、うす切りにします。にんにくは皮をむいてタテ半分に切り、芯を取り除いてうす切りにします。

3 フライパンに米を入れて中火にかけ、きつね色になるまでカラ炒りします。すり鉢に米を入れ、すりこ木で粗く砕きます。

◎米は粉状にせず、粒が七割がた残っている状態にすると、独特の食感が楽しめます。

3

4 ボールに**1**の鶏肉、**2**のじゃがいも、長ねぎのぶつ切り、しょうが、にんにく、**A**を入れ、手で混ぜ合わせます。**3**の米を加えて全体にまぶし、浅めの耐熱皿に入れて広げます。

5 **4**を蒸気の上がった蒸し器に入れ、強めの中火で20～30分蒸します。皿を取り出し、長ねぎのみじん切りを散らします。

6 フライパンにごま油を入れ、中火で煙が上がる位まで熱して、**5**にまわしかけます。

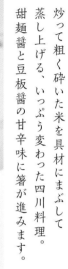

豚肉の豆豉炒め

豚肉とピーマンを一度揚げることで、香ばしく、食べごたえのあるひと皿に。豆豉は最後に加えて形を残すのがポイント。

材料と作り方（2人分）

豚肩ロースブロック肉…300g
ピーマン…2コ
長ねぎ…½本
しょうが…1片
片栗粉、自家製豆豉…各大サジ1杯
塩、コショー、紹興酒…各少々
揚げ油…適量

A 紹興酒、しょう油、水…各大サジ1杯
砂糖…大サジ½杯
片栗粉…小サジ½杯
コショー…少々

＊紹興酒は日本酒でも代用可

1 豚肉は厚さ1㎝のひと口大に切り、塩・コショー、紹興酒を振って手で揉み込みます。片栗粉をまぶし、余分な粉を落とします。

2 ピーマンはタテ半分に切ってヘタとワタを除き、ひと口大の乱切りにします。長ねぎは幅1.5㎝の斜め切りにします。しょうがは皮をむき、うす切りにします。

3 小さめのボールに**A**をよく混ぜ合わせます。

4 深めのフライパンに揚げ油を中火で180℃に熱します。**1**を3分位揚げ、うすく色づいたら上下を返し、さらに3分位揚げます。取り出して、油をきります。ピーマンをさっと揚げ、油をきります。

5 フライパンの油をオイルポットに移してから、ざっと油を拭い、再び中火にかけます。しょうが、長ねぎを入れて炒め、香りが立ったら、**3**を加えて、なじむまで炒めます。豆豉を加えてざっと混ぜ、器に盛ります。ポットに移した油適量を全体にまわしかけます。

5

湯葉とセロリの豆豉和え

材料を和えるだけでできる、手軽な前菜です。やさしい甘味に豆豉の塩気がアクセント。湯葉とセロリの食感の妙を楽しみます。

材料と作り方（2～3人分）

湯葉（乾燥）…3枚
（7g／もどした状態で21g）
セロリ（茎）…1本分
辣油…適量

A
自家製豆豉…5g
ごま油…小サジ1杯
砂糖…小サジ¼杯

1 湯葉はボールに入れて熱湯をかけ、すぐにザルに上げて、水気をきります。粗熱が取れたら、食べやすい大きさに切り、完全に冷まします。

2 セロリはスジを取らずに長さ5㎝に切り、さらにタテにうす切りにします。

3 豆豉は粗みじん切りにします。

4 ボールに**1**の湯葉、**2**のセロリ、**A**を入れて、よく和えます。器に盛り、辣油をまわしかけます。

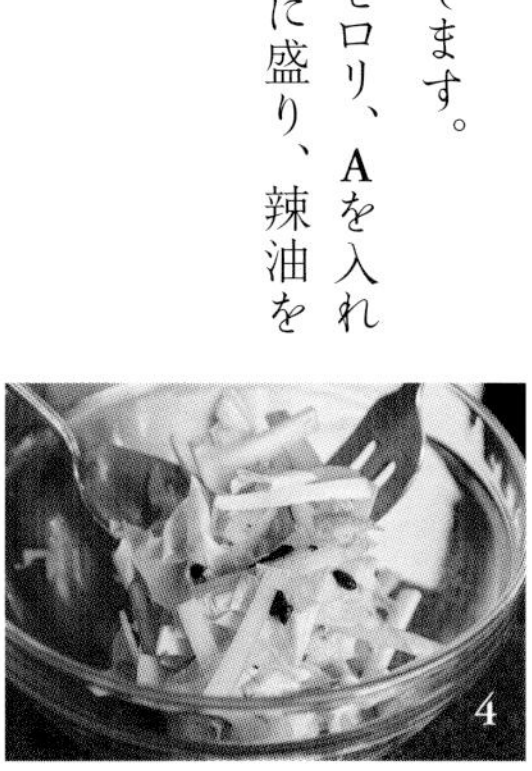
4

コチュジャン

韓国料理に欠かせない甘辛いみそ、コチュジャン。最近では現地でも市販品を買う人が多くなったと聞きます。

15年位前、我が家のそばに、韓国の食材を売る小さな食料品店がありました。韓国の方が営んでいて、日本語を話さないオモニ（お母さん）が、大抵ひとりで店番をしていました。店に通ううち、私たちは顔見知りになり、手料理を交換したりする仲になりました。

しばらくして、オモニは韓国に帰ることになり、私はお別れのしるしに、オモニを家に招いて韓国料理を振る舞いました。交流はその後も続き、5年ほど前には韓国で再会も果たして、彼女の自家製コチュジャンも見せてもらいました。ここでご紹介するのは、伝統的な製法をアレンジし、より作りやすくしたレシピです。

コチュジャン

材料（作りやすい分量）

米こうじ…200g
もち麦ご飯…100g
（白米1合にもち麦50gを加え、商品の表示通りに水加減をして炊き、常温に冷ます）
大豆（乾燥）、粗塩…各50g
粉唐辛子（粗挽き）…30g
パプリカパウダー…10g

◎出来上がり量のめやす
約600mℓ

◎保存のめやす
清潔な保存容器に入れて、冷蔵で3カ月。

作業時間　5時間
作ったその日から食べられます。

1　大豆をもどす

a

b

大きめの鍋に、大豆と水カップ5杯を入れて中火にかけます。沸いたら火を止めてフタをします（**a**、**b**）。

c

豆がふっくらともどるまで、そのまま1時間位おきます（**c**）。

◎時間に余裕がある場合は、鍋に大豆とたっぷりの水を入れ、一晩おいて、もどしても結構です。

2　大豆をゆでる

1の鍋をフタをしたまま中火にかけ、沸いたら弱めの中火にして、1時間30分位ゆでます。途中で豆が顔を出したら、水を適宜足します。指で軽くつまんでつぶれる位に豆が柔らかくなったら、火を止め、ボールに重ねたザルに上げます。ボールのゆで汁を50℃位まで冷まします。

加熱と保温をくり返して
こうじをゆっくりと
発酵させることで
自然な甘味を引き出します。

3 ミキサーにかける

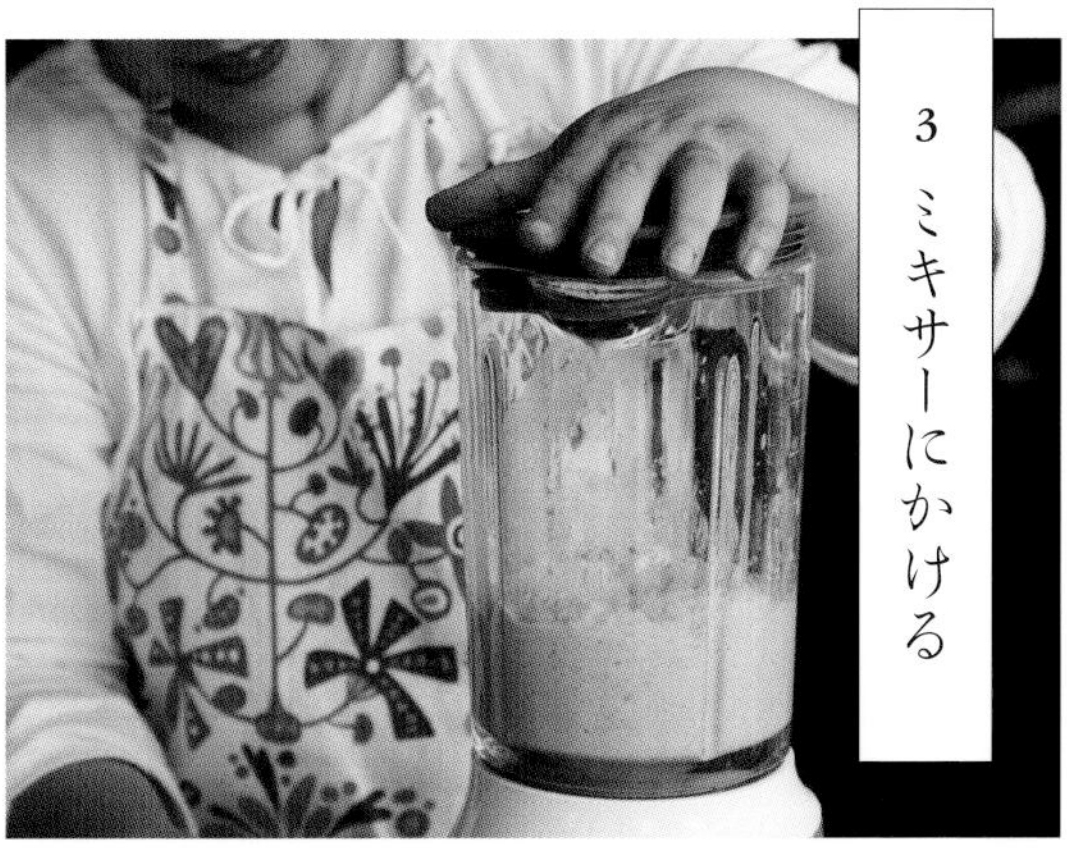

ミキサーに米こうじを入れ、細かく粉砕します。もち麦ご飯、**2**の大豆、ゆで汁カップ1杯を加えて、なめらかになるまで再びミキサーにかけます。

◎かたくてミキサーの刃がまわりにくい時は、様子を見ながら、ゆで汁を少量ずつ足して撹拌します。

4 ゆっくりと発酵させる

a

3を鍋に移し、ゆで汁180mℓを加えて混ぜます。弱火にかけ、木ベラで混ぜながら温めます（**a**）。

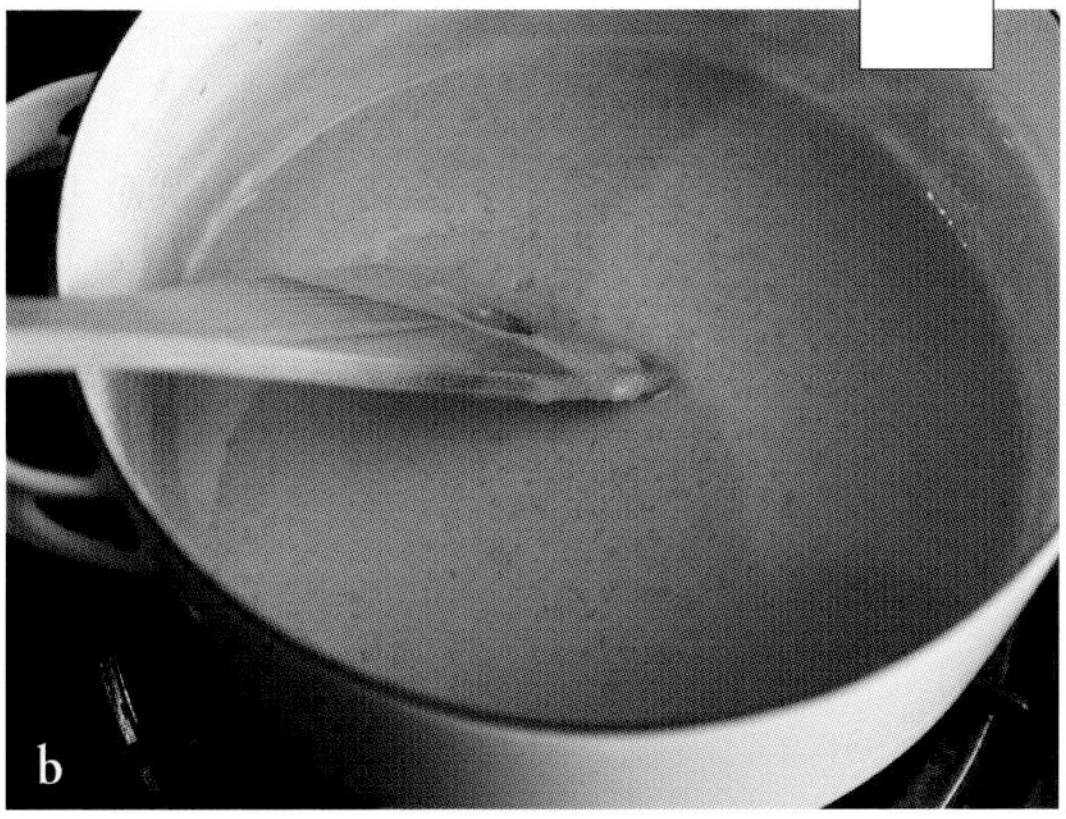

b

フツフツとしたらすぐに火を止め、フタをして30分位おきます。これを3～4回くり返します。だんだんと米こうじの粒がなくなり、色が濃くなってきたら（**b**）、糖化が進んで充分に甘くなったサインです。

◎味をみて、好みの甘さになるまで発酵させます。煮詰まってきたら、ゆで汁（足りなければ水）を適宜加えます。

5 その他の材料を加える

粗塩、粉唐辛子、パプリカパウダーを加えてよく混ぜ、粗熱を取ります。

◎好みで、粉唐辛子の分量を増やしても。すぐに食べられますが、時間が経つにつれて、さらに味がなじみます。

豆腐チゲ

体が芯から温まる具だくさんのスープ。
後からほどよい辛味が効いてきます。
玉子を落としたり、ご飯を混ぜても。

材料と作り方（2人分）

アサリ…200g
牛切り落とし肉…100g
絹ごし豆腐…½丁（150g）
長ねぎ…1本
ニラ…10本
しめじ、えのき
…各½パック（各50g）
ごま油…大サジ1杯
塩…適量

A
日本酒…大サジ3杯
自家製コチュジャン
…大サジ1と½杯
みそ…大サジ1杯
しょう油…大サジ½杯
米酢、白すりごま
…各小サジ1杯

1 アサリは、塩分3%の塩水に3～4時間つけて砂抜きし、カラをこすり合わせてよく洗います。

2 牛肉は幅3cmに切ります。豆腐は6等分に切ります。長ねぎは幅8mmの斜め切りにし、ニラは長さ5cmに切ります。しめじとえのきは石突きを取り、食べやすくほぐします。

3 ボールに**A**、水カップ2杯を入れて、よく混ぜます。

4 直径20cm位の土鍋にごま油を中火で熱し、長ねぎを入れてざっと炒めます。全体に油がまわったら、長ねぎを端に寄せ、鍋の空いているところに、アサリ、牛肉、豆腐、ニラ、しめじ、えのきを並べ入れます。

◎土鍋がない場合は、厚手の鍋で代用しても結構です。

5 **4**の鍋に**3**を注ぎ入れ、強火にします。沸いたら、弱めの中火にしてフタをし、15分位煮て火を止めます。

◎好みで、キムチ適量を加えても。その場合は、手順4で長ねぎとともに入れて炒めます。

ピビンパ

野菜がたくさん取れるヘルシーなひと品。
コチュジャンのすっきりとした甘味と
コク深い辛味をシンプルに味わえます。

材料と作り方（2人分）

合いびき肉…100g
大根…3㎝（100g）
にんじん…小½本（70g）
ニラ…1束
椎茸…4枚
玉子の黄味…2コ分
白すりごま…小サジ1杯
ごま油、塩、コショー、ご飯、
海苔、白炒りごま、糸唐辛子、
自家製コチュジャン…各適量

A
米酢、きび砂糖
…各大サジ½杯
塩…小サジ½杯

B
にんにく、しょうが
（ともにすりおろし）
…各1片分
自家製コチュジャン、日本酒
…各大サジ1杯
しょう油…小サジ1杯

1 大根はよく洗い、皮ごとタテにうす切りして、センイを断ってせん切りにします。にんじんはよく洗い、皮ごと3㎜角、長さ5㎝位の棒状に切ります。ニラは長さ6㎝に切ります。椎茸は石突きを取って、カサの部分はうす切りにし、軸は手でタテに細く裂きます。

2 ボールに大根と**A**を入れ、しんなりとするまで、手でよく混ぜます。味をみて、きび砂糖（分量外）でととのえます。

3 フライパンにごま油小サジ1杯を中火で熱し、にんじんを入れて塩・コショーし、さっと炒めて取り出します。ニラはごま油大サジ½杯で、椎茸はごま油大サジ1杯で同様に炒めて調味し、取り出します。

4 フライパンにひき肉、**B**を入れて中火で炒め、肉の色が変わったら、白すりごまを加えてパラリとするまでさらに炒めます。

5 器2つにご飯を盛り、2、3、4を半量ずつのせ、中央に玉子の黄味をのせます。刻んだ海苔、白炒りごま、糸唐辛子を散らし、コチュジャンを添えて、ごま油をまわしかけます。

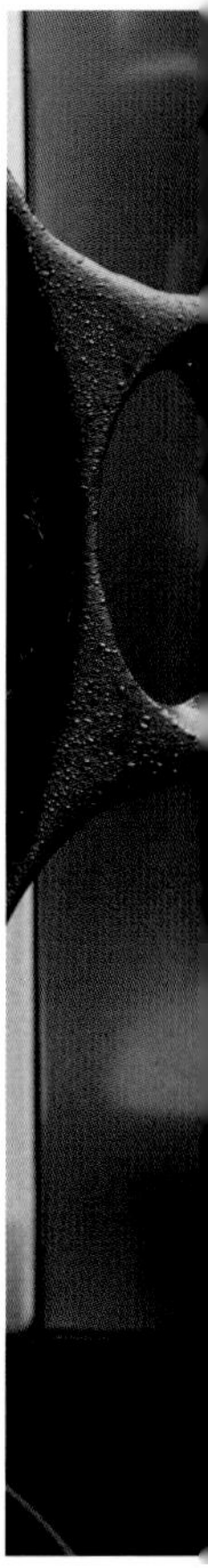

タッカルビ

韓国の餅・トックを入れてボリュームアップ。
コチュジャンの甘味と辛味を効かせたタレで
鶏肉と野菜を煮込んだ鍋料理です。

材料と作り方（2人分）

鶏もも肉…300g
トック…200g
長ねぎ…1本
玉ねぎ…½コ
キャベツ…⅛コ
にんじん…⅓本
椎茸…3枚
ニラ…¼束
さつまいも…½本
ごま油…大サジ2杯

〔混ぜ合わせる〕

A りんご（すりおろし）…¼コ分
白すりごま…大サジ1杯
にんにく、しょうが（すりおろし）
…各小サジ1杯
しょう油…大サジ½杯
自家製コチュジャン
…大サジ4〜5杯
砂糖、日本酒、ごま油
…大サジ2杯

1 鶏肉はひと口大に切ります。トックは袋の表示通りに水につけます。長ねぎは幅8㎜の斜め切りにします。玉ねぎはセンイにそって幅1㎝に切ります。キャベツはタテに幅2㎝に切ります。椎茸は石突きを落とし、幅8㎜位に切ります。にんじんは幅3㎜の短冊切りにします。ニラは長さ4㎝に切ります。さつまいもは皮つきのままタテに幅5㎜に切り、さらに食べやすい大きさに切ります。

2 直径22㎝位のフタつきの鉄鍋、またはフライパンにごま油を中火で熱し、鶏肉、長ねぎ、玉ねぎを並べ入れ、その上にトック、さつまいも、にんじん、その他の野菜の順で重ねます。**A**をまわしかけてフタをし、沸いたら10〜15分煮ます。途中で上下を返し、よく混ぜます。トックとさつまいもが柔らかくなったら火を止めます。

2

魚醤&プラホック

トゥック・トレイ（カンボジア）、ナムプラー（タイ）、ヌクマム（ベトナム）、コラトゥーラ（イタリア）など、魚を発酵させて魚醤を作る文化は世界各国にあります。

一説には、この魚醤のルーツはカンボジアのトンレサップ湖付近にあるとのこと。かの地では、グラミーという白身の淡水魚を使って、魚醤を作ります。フィレ状にしたグラミー、塩、水を容器に入れ、1カ月から1年発酵させて、上澄み液を加熱したものが魚醤です。ペースト状になった魚はプラホック。塩辛やアンチョビのようなものです。

ここでは、イワシを使うレシピをご紹介します。生臭さが気になる場合は、プラホックには小サジ1杯、魚醤には小サジ½杯の砂糖を加えるとよいでしょう。

魚醤&プラホック

材料（作りやすい分量）
イワシ…9〜10尾（1kg／正味500g）
粗塩…150g

◎出来上がり量のめやす
魚醤約350㎖、プラホック約500㎖

◎保存のめやす
ともに清潔な保存容器に入れて、冷蔵で1年。

作業時間 合わせて1時間
ねかせる時間 3〜6カ月

1 イワシの下処理

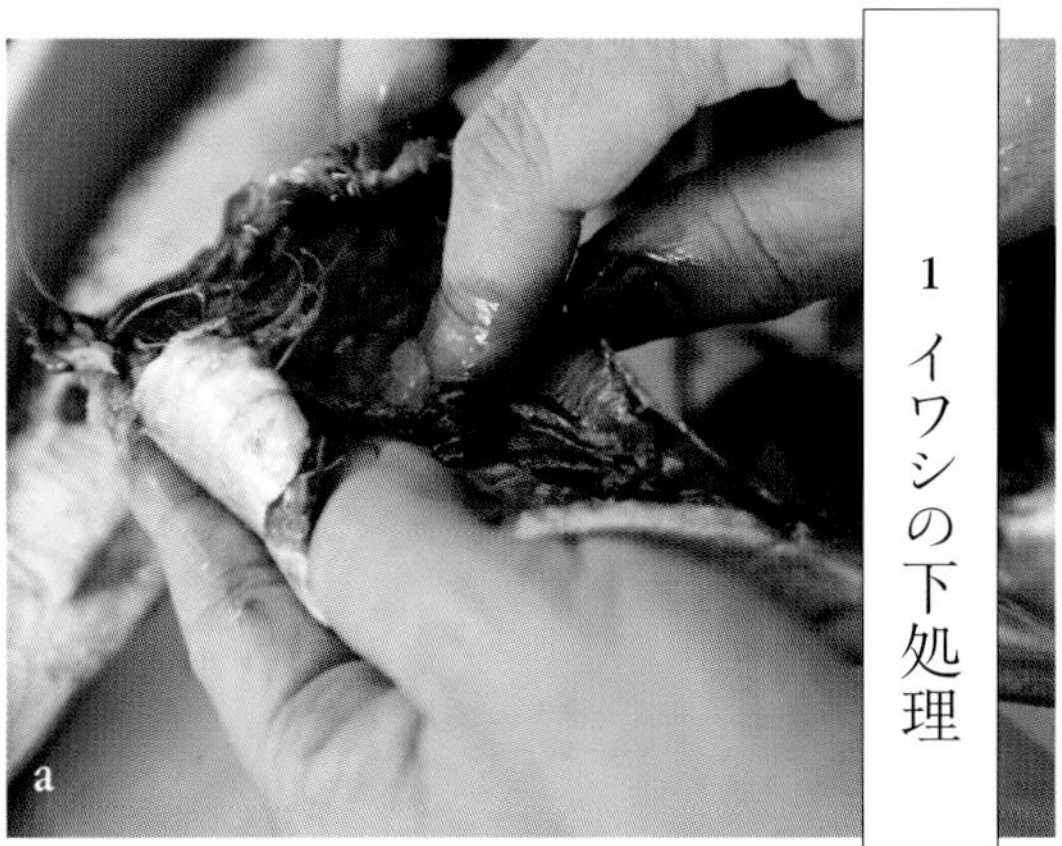
a

b

イワシは、ウロコがあれば、親指の腹でこすって取り除きます。エラブタのあたりを摑んで、頭をちぎり取ります。頭側から指を入れて腹を開き、ワタを取り除きます。中骨の両側にそって人さし指をすべらせて身から骨を外し（a）、中骨を引きはがします（b）。

c

流水でよく洗い、キッチンペーパーで水気を拭き取ります（c）。

◎頭と骨は取っておきます。

2 頭と骨でダシをとる

1の頭と骨をよく洗い、水カップ3と½杯とともに鍋に入れて中火にかけます。沸いたらアクを取り、弱火で15分位煮ます。ザルで漉して冷まします。

3 イワシの身を刻む

1のイワシの身を、庖丁で粗く刻みます。

4 塩をまぶす

3のイワシをバットに入れ、粗塩をまぶします。

5 ダシと合わせる

清潔な保存容器に4を塩ごと入れ、2のダシをかぶる位加えて、混ぜます。

6 発酵させる

ラップをふんわりとかけ、フタを軽くのせて、冷暗所に3~6カ月おきます。1カ月に1回、よくかき混ぜます。

7 ザルで漉す

6をザルで漉し、固形物と液体に分けます。固形物がプラホックです。

8 液体を煮立たせる

7で取り分けた液体を鍋に入れて中火にかけ、5分位煮立たせます。

9 液体を漉す

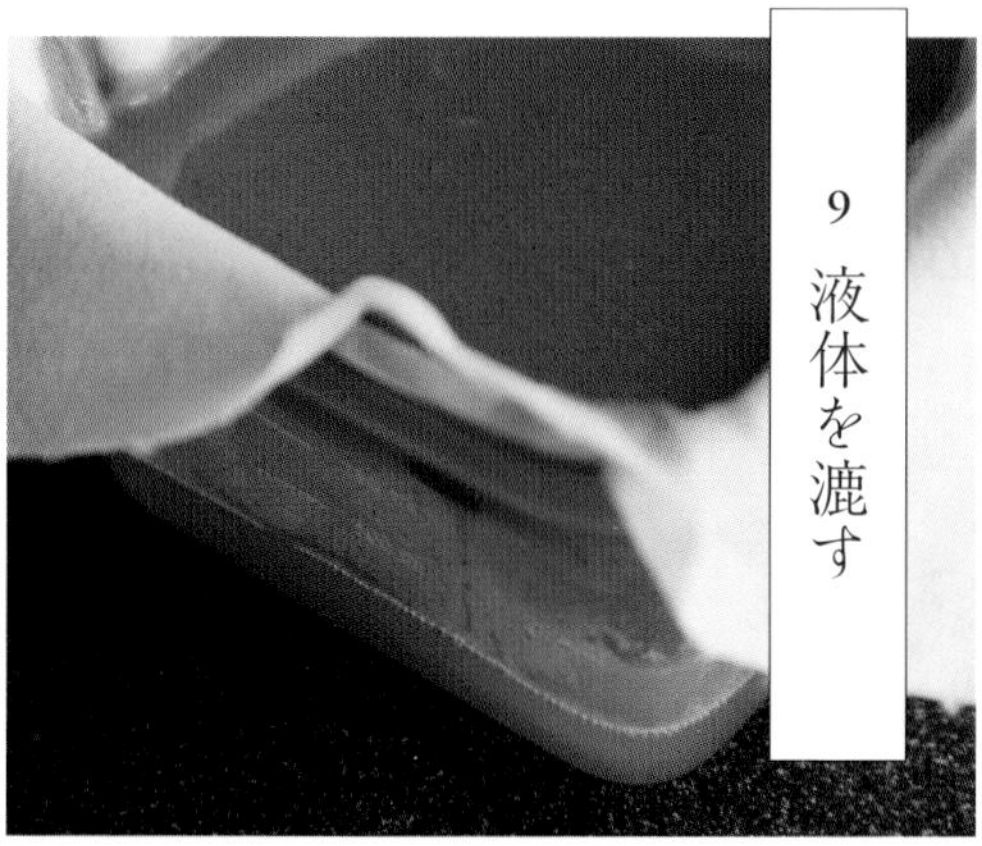

キッチンペーパーをしいたザルで8を漉します。魚醤の出来上がりです。

粗塩は下処理した魚の重さの30%がめやす。発酵を促すため、かき混ぜるのを忘れずに。

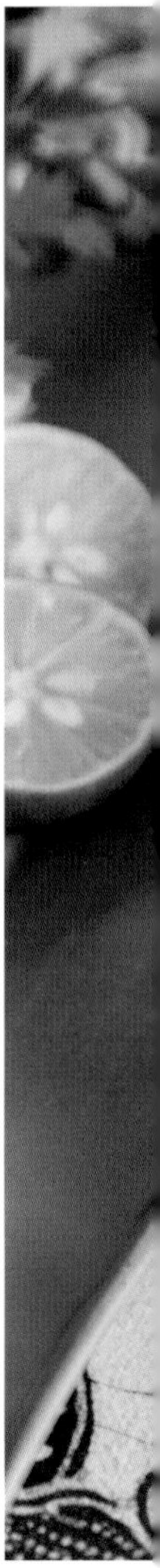

鶏のスパイシー焼き

魚醤の香りと、ハチミツの甘味が好相性。鶏肉を手で裂き、野菜とともにキャベツで巻いて、ピリ辛味のタレをつけていただきます。

材料と作り方（2人分）

鶏手羽元…6本
キャベツ…2枚
にんじん、きゅうり…各½本
バジル…2枝
香菜…2株
ライム、またはレモン…1コ

〔混ぜ合わせる〕
マリネ液
にんにく（うす切り）…1片分
レモングラスの根元（あれば／斜めうす切り）…½本分
こぶみかんの葉（あれば／生／細切り）…1枚分
自家製魚醤、ハチミツ、ココナッツミルク…各大サジ½杯
黒コショー…少々

〔混ぜ合わせる〕
タレ
にんにく（みじん切り）…½片分
唐辛子（ヘタと種を除き、小口切り）…½本分
自家製魚醤…大サジ2杯
砂糖…大サジ½杯
水…大サジ1杯

1 バットに鶏肉とマリネ液を入れてよくからめ、15分位おきます。

2 キャベツは庖丁で芯を除き、10㎝角位の大きさに切ります。にんじんはよく洗い、皮ごと斜めうす切りにします。きゅうりは斜めうす切りにします。バジルは葉を摘みます。香菜は根を落とし、食べやすい長さに切ります。ライムはヨコ半分に切ります。

3 魚焼きグリルを中火で温め、**1**の鶏肉を並べ、こんがりと焼き色がつくまで10～15分焼きます。
◎片面焼きグリルの場合は、途中で鶏肉の上下を返します。

4 **2**の野菜とライム、**3**の鶏肉を器に盛り、タレを添えます。

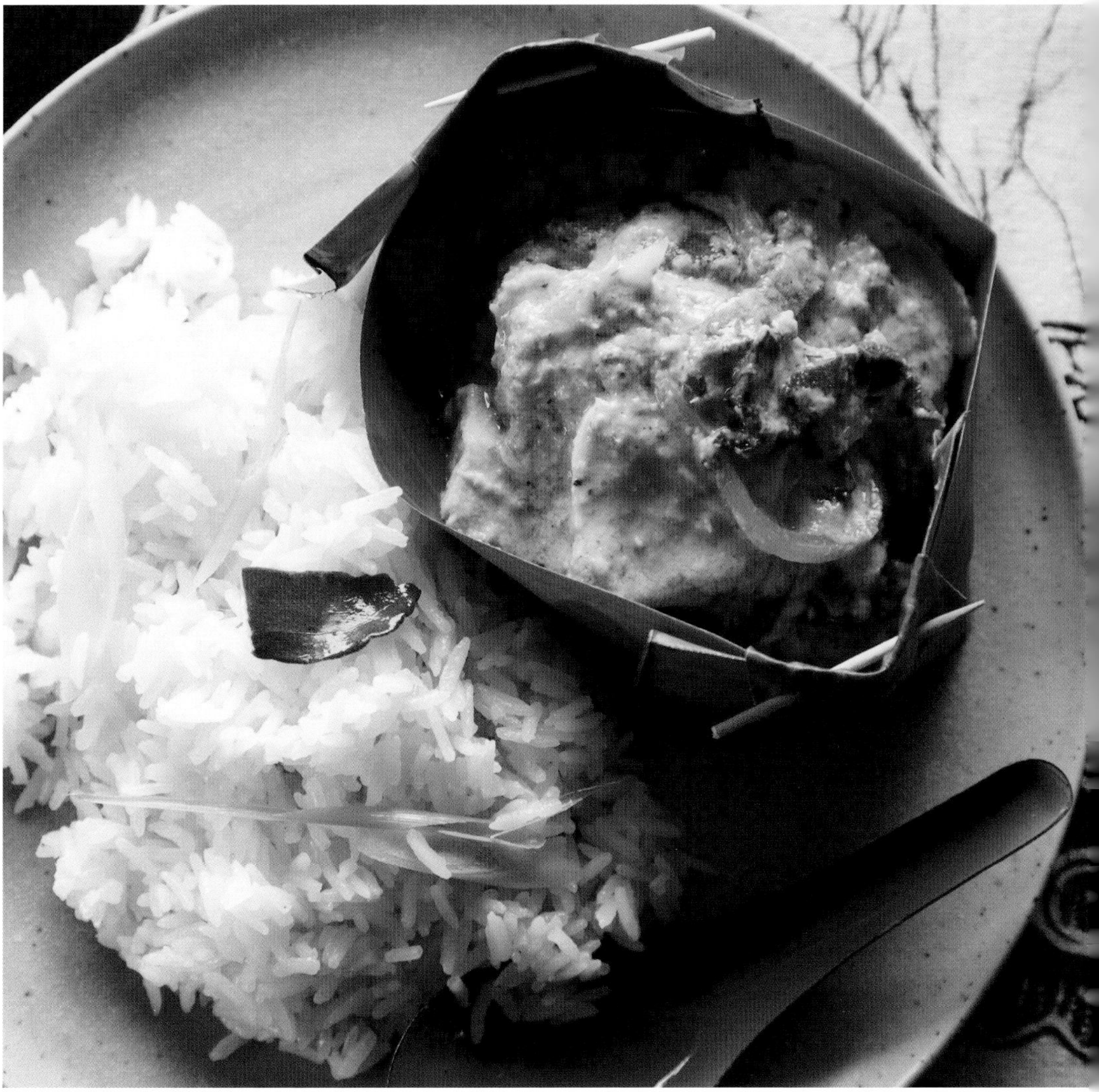

メカジキのアモック

さっと作れる、カンボジアの煮込み料理。
カレーのように、ご飯と一緒にいただきます。
辛味がマイルドで、やさしい味わいが特徴です。

材料と作り方（2人分）

メカジキ…2切れ（200g）
インディカ米…200g
ココナッツミルク…カップ1杯
ほうれん草の葉…2株分
玉ねぎ…¼コ
パプリカ（赤）…¼コ
溶き玉子…2コ分

A
ココナッツミルク…230g
レモングラスの根元
（斜めうす切り）…½本分
こぶみかんの葉
（生／半分にちぎる）…1枚分

塩…少々

B（すべて粗く刻む）
にんにく、しょうが…各1片
レモングラスの根元…5cm
こぶみかんの葉（生）…1枚
唐辛子（生）…1本
＊乾燥でも可
ウコン…1片
＊パウダー小サジ½杯でも代用可

C
自家製魚醤、自家製プラホック
…各大サジ1杯
砂糖、コショー…各少々

1 インディカ米はさっと洗ってザルに上げ、15分おきます。炊飯器にAとともに入れ、普通に炊きます。

2 乳鉢またはすり鉢にBを入れ、乳棒やすりこ木でよくすって、ペースト状にします。

3 メカジキはひと口大に切ります。ほうれん草はざく切りにします。玉ねぎはセンイにそって幅3mmに、パプリカはタテに幅3mmに切ります。

4 鍋にココナッツミルクを入れて中火にかけ、沸いたら弱火にし、2、3、Cを加えて混ぜます。魚に火が通るまで、4〜5分煮ます。

2

5 4に溶き玉子を加えてざっと混ぜ、半熟になったら、火を止めます。器に1のご飯と一緒に盛り合わせます。

ラムのサテ

サテは、東南アジアで食べられる串焼きのこと。魚醤とプラホックを加えた、甘じょっぱい濃厚なタレを塗り、香ばしく焼き上げます。

材料と作り方（2人分／6本）

ラムかたまり肉…200g
＊ラムチョップの骨を外しても可
きゅうり…1本
にんじん…¼本
玉ねぎ…小½コ
塩、コショー…各少々
サニーレタス、香菜…各適量

A
にんにく、しょうが…各1片
ピーナッツ（皮つき／無塩）…30g
干しエビ…10g
自家製魚醤、砂糖…各大サジ1杯
自家製プラホック…小サジ1杯
韓国産粉唐辛子（粗挽き）…小サジ½杯
水…大サジ2杯

B
レモン汁…大サジ3杯
砂糖…大サジ1杯
塩…小サジ½杯

1 きゅうりとにんじんは長さ5㎝、8㎜角に切ります。玉ねぎはセンイにそって幅8㎜に切ります。ボールに入れ、**B**を加えてよく和え、30分位おきます。

2 サニーレタスは食べやすい大きさにちぎり、香菜は葉を摘みます。にんにく、しょうがはすりおろします。ピーナッツは皮をむき、干しエビとともにフードプロセッサーにかけ、粉状にします。ボールに**A**を混ぜ合わせます。

3 ラム肉はひと口大に切り、塩・コショー少々を振って、4〜5コずつ金串に通します。

4 魚焼きグリルを温めて**3**のラム肉を並べ、中火で2〜3分焼きます。表面に**A**適量を塗り、再び中火で2〜3分焼きます。強火にし、焼き色がつくまでさらに3〜4分焼きます。

◎片面焼きグリルの場合は、Aを塗る前に、ラム肉の上下を返します。

4

5 器に**4**を盛り、**2**のサニーレタス、香菜、**1**の野菜を添えます。

トマトソース&トマトケチャップ

トマトは南米・アンデスが原産で、ヨーロッパには大航海時代に、日本には江戸時代に伝わった野菜です。最初は観賞用でしたが、品種改良を経て、今では世界各国で食べられています。

「トマトソース」は、トマトのピューレを煮詰めてうま味が凝縮したところに、香味野菜とバジル、オリーブ油で香りをつけます。シンプルな味わいなので、各国の料理に幅広く使えます。

「トマトケチャップ」は、トマトのピューレに、香味野菜、ハーブ、スパイスを加えて煮詰めます。子どもも大好きな調味料で、万能に使えます。

どちらも安価な市販品がありますが、手づくりなら、フレッシュで、風味豊か。日本のトマトは水分が多いので、完熟のトマトで作ってください。

トマトソース

材料（作りやすい分量）
- トマト（完熟のもの）…8コ（1kg）
- 玉ねぎ…¼コ（50g）
- にんにく…1片
- バジル…1本
- 唐辛子（乾燥）…2本
- オリーブ油…カップ¼杯
- 塩…大サジ1杯

◎出来上がり量のめやす
約600㎖

◎保存のめやす
清潔な保存容器に入れて、冷蔵で1カ月（冷凍可）。

作業時間　1時間
作ったその日から食べられます。

1 材料の下準備

玉ねぎはすりおろします。にんにくはタテ半分に切って庖丁の腹でつぶします。唐辛子はヘタと種を取り除きます。バジルは葉を摘みます。

2 トマトピューレを作る

トマトはヘタを取り、皮つきのまま適当な大きさに切って（a）、ミキサーに入れ、なめらかになるまで撹拌し、トマトピューレにします（b）。

3 ピューレを煮詰める

厚手の鍋に**2**を入れて中火にかけます（a）。沸いたら弱めの中火にし、全体がぽってりとし、分量が半量位になるまで40分位かけて煮詰めます（b）。

◎アクはあえて取りません。

4 材料を加えて仕上げる

3の鍋に**1**、オリーブ油、塩を加えてざっと混ぜ、3分位煮て、全体がなじんだら火を止めます。保存する時は、バジルを取り除きます。

新鮮なトマトをふんだんに
使って作る夏の味。

白身魚のソテー
トマトソース

皮はパリッと、身はふっくら。
淡白な白身魚に油をかけながら焼き上げます。
トマトソースの酸味がよく合います。

材料と作り方（2人分）
スズキ… 2切れ（200g）
＊タラやマダイなどでも可
タイム（生）… 4本
自家製トマトソース… 大サジ4杯
塩、コショー… 各少々
バター… 12g
オリーブ油… 大サジ1杯

1 スズキは、皮目に2カ所ずつ、庖丁で浅い切り込みを入れます。皮目に塩・コショーを振ります。

2 フライパンにバター、オリーブ油を入れ、中火にかけます。バターが溶けたら、**1**のスズキを皮目を下にして並べ入れます。スプーンでフライパンの油をまわしかけながら、1～2分焼きます。フライ返しでスズキを返し、同様に皮目に油をまわしかけながら、さらに3分ほど焼きます。

3 焼いている間、小鍋にトマトソースを入れ、中火にかけて温めます。

4 皿に**3**のトマトソースを半量ずつ広げ、皮目を上にして**2**のスズキを1切れずつのせ、タイムを2本ずつ飾ります。

モッツァレラチーズと生ハムのピッツァ

生地を合わせたら一方向にぐるぐる混ぜ、高温で焼き上げるのがポイントです。具材を魚介やソーセージなどに代えても。

材料と作り方（直径20cm×2枚分）

生地
- 強力粉、薄力粉…各150g
- ドライイースト…小サジ½杯
- オリーブ油…大サジ2杯
- 塩…少々
- ぬるま湯（35℃位）…カップ1杯

具材
- モッツァレラチーズ…100g
- 生ハム…60g
- バジルの葉…2本分
- 自家製トマトソース…大サジ4～6杯

打ち粉（強力粉）、オリーブ油…各適量

1
大きめのボールに強力粉、薄力粉、ドライイーストを入れ、手で合わせます。オリーブ油、塩、ぬるま湯を加え、手で一方向にぐるぐるとかき混ぜます。

1

2
粉っぽさがなくなったら、生地をつかんでボールの中で2～3分たたきつけます。ひとまとまりになったら、丸めて、ボールの中央に置きます（a）。手についた生地も、打ち粉少々を振って手をすり合わせてきれいに取り、生地に加えます。ボールにラップをかけ、生地が2倍位にふくらむまで、室温に1時間ほどおきます（b）。

◎冬場はなるべく暖かい部屋に置きます。

2-a

2-b

3
手のひらとまな板に打ち粉をします。2の生地を半分に分けて、片方をまな板の上に取り出します。手のひらで軽く押し広げ、めん棒で直径20cm位の大きさにのばします。手でひっぱって、形を丸く整えます。

◎残りの生地はボールに戻し、ラップをかけて室温に置いておきます。

3

4
まな板のそばにクッキングシートをしき、その上に**3**の生地をスライドしてのせます。トマトソースの半量を塗り（a）、チーズ、生ハム各半量を全体に散らし、バジル1枚をちぎってのせ、オリーブ油をまわしかけます（b）。クッキングシートごと天板にのせます。

4-a

4-b

5
オーブンを250℃に予熱します。天板をオーブンに入れ、7～8分焼きます。仕上げにバジル3～4枚を散らし、オリーブ油をまわしかけます。残りの生地も同様にのばし、具材をのせて焼き上げます。

メキシコ風ポーク煮込み

ソテーした豚肉を、ピリリと辛いトマトソースでさっと煮込みます。オリーブの実がコクを添えます。

材料と作り方（2人分）

豚肩ロースブロック肉…200g
ズッキーニ…大½本
玉ねぎ…¼コ（50g）
ミニトマト…6コ
オリーブの実（黒、塩漬け、種抜き）…7コ
自家製トマトソース…カップ½杯
オレガノ（乾燥）…1つまみ強
塩…少々
サラダ油…大サジ1杯

1 豚肉は厚さ1.2cmに切り、食べやすい大きさに切ります。両面に塩を振ります。

2 ズッキーニは4つ割りにし、さらに幅1.5cmに切ります。玉ねぎはセンイにそって幅1cmに切り、さらにヨコに3等分に切ります。

3 フライパンにサラダ油を中火で熱し、**1**の豚肉を並べ入れて2分焼きます。下面に焼き色がついたら、返します。

4 **2**のズッキーニと玉ねぎ、ミニトマト、オリーブの実、トマトソース、水カップ½杯を加え、全体を混ぜ合わせます。フタをして、7~8分煮ます。オレガノを加えてざっと混ぜ、器に盛ります。

トルティーヤとアボカドのスープ

ライムの香りと酸味でさっぱりと。
アボカドのフレッシュ感とパリパリとした
トルティーヤの食感を楽しみます。

材料と作り方（2人分）

鶏もも肉…½枚（150g）
アボカド…½コ
トルティーヤチップス…8枚
玉ねぎ…¼コ（50g）
セロリ…5cm
ローリエ（乾燥）…1枚
オリーブ油…大サジ1杯
香菜、ライム…各適量

A
自家製トマトソース
…カップ½杯
ライム果汁…½コ分
塩…小サジ1杯

1 鶏肉は、ひと口大に切ります。厚手の鍋に鶏肉と水カップ3杯、ローリエを入れて、弱めの中火にかけ、30分煮ます。

2 玉ねぎとセロリはさいの目に切ります。アボカドは種を除き、皮をむいて、大きめのさいの目に切ります。トルティーヤチップスは大まかに砕きます。香菜は葉を摘んで、ざく切りにします。

3 深めのフライパンにオリーブ油、2の玉ねぎ、セロリを入れて弱めの中火にかけ、しんなりするまで炒めます。

4 1の鍋に3、Aを加え、沸いたら、2のアボカドを加えて火を止めます。器に盛り、2のトルティーヤをのせ、香菜を散らします。ライムを添え、好みで果汁をしぼっていただきます。

4

トマトケチャップ

完熟のトマトと
香味野菜、スパイスを
じっくり煮詰め、
フレッシュなおいしさを
ぎゅっと閉じ込めます。

材料（作りやすい分量）
トマト（完熟のもの）…8コ（1kg）
玉ねぎ…¼コ（50g）
セロリ…⅙本
にんにく…1片
レモン果汁、きび砂糖…各適宜
A ローリエ（乾燥）…2枚
きび砂糖…大サジ3杯
塩…大サジ1杯
オールスパイス（パウダー）…小サジ1杯
タイム（乾燥）、コショー…各小サジ¼杯

◎出来上がり量のめやす
約550mℓ

◎保存のめやす
清潔な保存容器に入れて、冷蔵で1年（冷凍可）。

作業時間 1時間20分
作ったその日から食べられます。

1 材料の下準備

玉ねぎ、セロリ、にんにくはすりおろします。

2 トマトピューレを作る

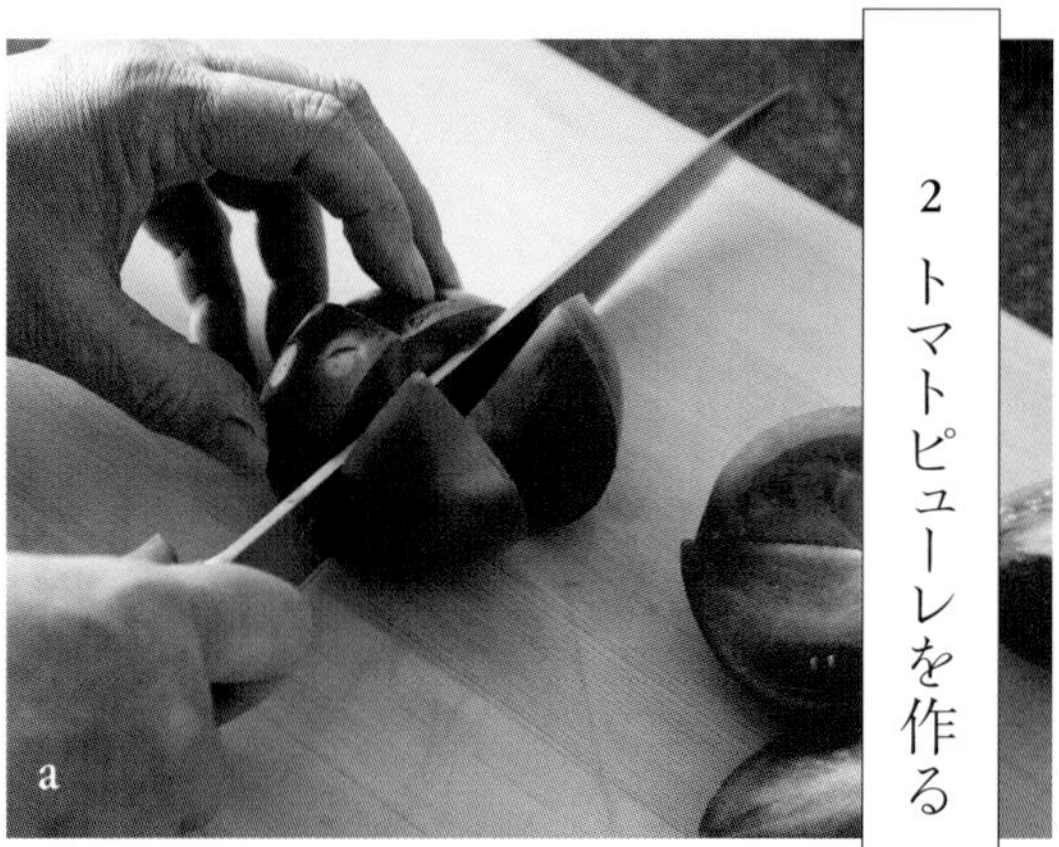

a

b

トマトはヘタを取り、皮つきのまま適当な大きさに切り（a）、ミキサーに入れて、なめらかになるまで撹拌し、トマトピューレにします（b）。

3 材料を加える

a

b

厚手の鍋に2のトマトピューレ、1の野菜（a）、Aを入れて混ぜます（b）。

4 煮詰める

a

b

3の鍋を中火にかけ、沸いたら弱めの中火にし（a）、全体がぽってりとするまで1時間位かけて煮詰めます（b）。味をみて、好みでレモン果汁、きび砂糖各適量を加えてととのえ、火を止めます。保存する時は、ローリエを取り除きます。

◎あえてアクは取りません。

ナポリタン

喫茶店でいただくスパゲティの定番メニュー。
ゆでた麺は水洗いして一晩冷蔵すると、
昔ながらの味わいを再現できます。

材料と作り方（2人分）

スパゲティ…200g
ピーマン…2コ
玉ねぎ…1/4コ（50g）
ベーコン…2枚（40g）
粗塩…大サジ2杯
オリーブ油…大サジ1杯
サラダ油…大サジ2杯
自家製トマトケチャップ
…大サジ4〜6杯
塩、コショー…各少々
きび砂糖…1つまみ

1　鍋に3ℓの湯を沸かし、粗塩を加え、スパゲティを表示より2〜3分長くゆでます。ザルに上げ、流水でさっと洗って水気をきります。ポリ袋に入れ、オリーブ油を加えてまぶし、袋の口をしばって、冷蔵庫に一晩おきます。

2　ピーマンは、タテ半分に切ってヘタとワタを取り、さらにヨコに幅5mmに切ります。玉ねぎはセンイにそって、幅3mmに切ります。ベーコンはヨコに幅1cmに切ります。

3　フライパンにサラダ油大サジ1杯を中火で熱し、2の玉ねぎ、ベーコンを入れて炒めます。玉ねぎがしんなりとし、ベーコンから脂が出てきたら、1のスパゲティと2のピーマンを加えてざっと炒めます。

4　トマトケチャップ、サラダ油大サジ1杯、水大サジ2杯を加えてさらに炒め、全体をなじませます。塩・コショー、きび砂糖を加えて混ぜ、器に盛ります。

1

4

チキンライス

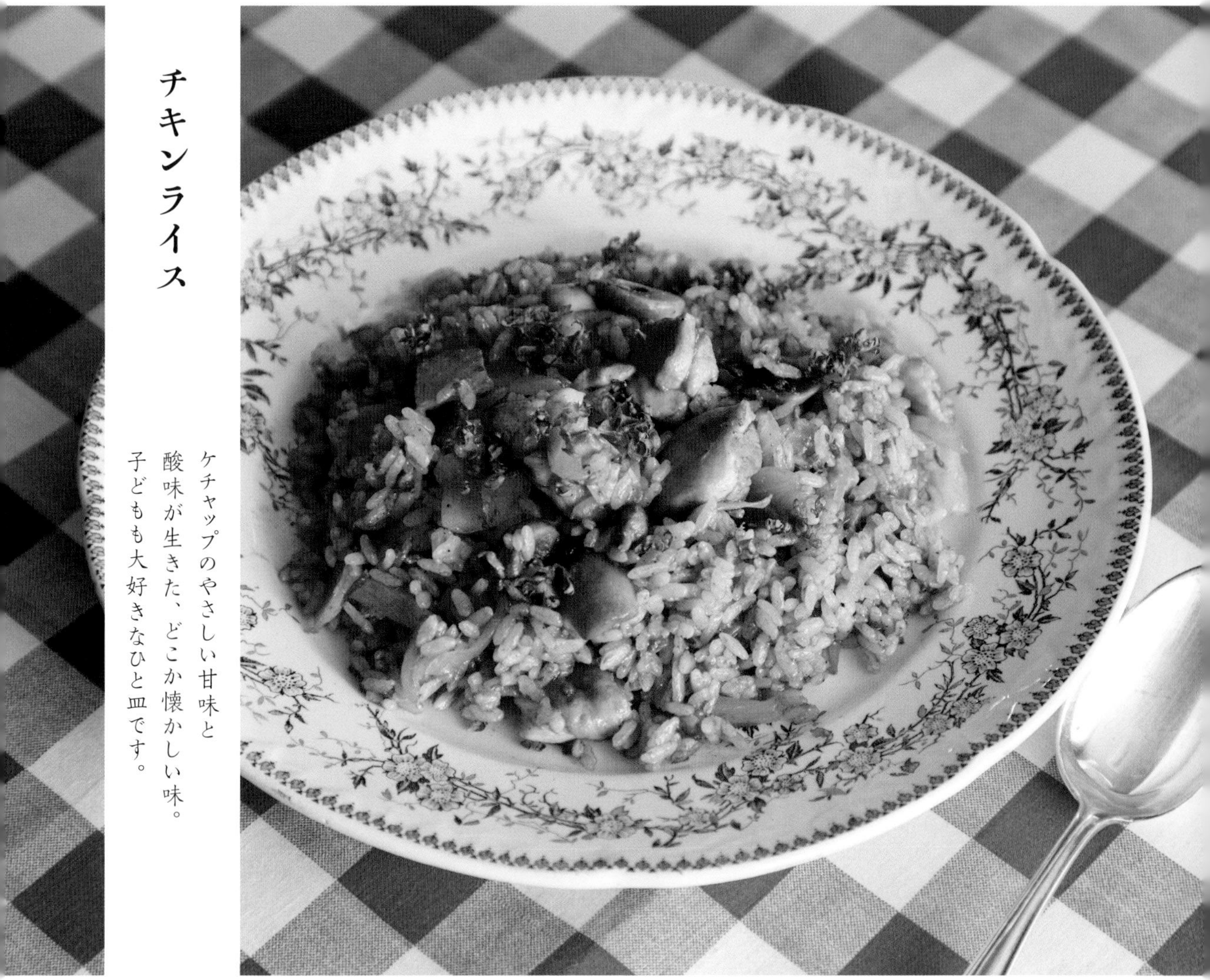

ケチャップのやさしい甘味と
酸味が生きた、どこか懐かしい味。
子どもも大好きなひと皿です。

材料と作り方（2人分）

鶏もも肉…½枚（150g）
温かいご飯…400g
玉ねぎ…¼コ（50g）
マッシュルーム（白）…2コ
サラダ油…大サジ1杯
自家製トマトケチャップ…大サジ4杯
パセリ（みじん切り）、塩、コショー…各適量

1 鶏肉は小さめのひと口大に切って、ボールに入れ、塩少々を振り、手で軽く揉み込みます。コショー少々を振ります。

2 玉ねぎはセンイにそって幅3㎜に切り、さらにヨコに4等分にします。マッシュルームは石突きを落とし、幅5㎜に切ります。

3 フライパンにサラダ油を中火で熱し、**1**の鶏肉を入れて、木ベラで炒めます。肉の色が白っぽく変わったら、**2**の玉ねぎ、マッシュルームを加え、玉ねぎがしんなりとするまで炒めます。

4 ご飯、トマトケチャップを加え、木ベラでほぐします。全体がなじんだら、塩・コショーで味をととのえて器に盛り、パセリを散らします。

4

コラム

もっと知りたい、世界の調味料

使い勝手が抜群。
料理の幅が広がります。

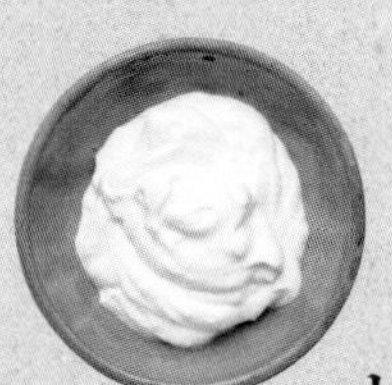

トルコ風ヨーグルトソース　フライやフリットにも

ボールに、プレーンヨーグルトをカップ1杯、にんにくのすりおろし½片分、塩小サジ½杯を入れて、ゴムベラなどでよく混ぜます。

◎**出来上がり量のめやす**　約200㎖
◎**保存のめやす**　清潔な保存容器に入れて、冷蔵で2週間。

サンバル　東南アジアの定番調味料。焼いた厚揚げに添えても

紫玉ねぎ¼コはセンイを断ってうす切りにします。トマト¼コ、にんにく、しょうが各1片、レモングラスの根元1本分はみじん切りにします。干しエビ大サジ1杯は水でもどさず、そのままみじん切りにします。唐辛子2本はヘタを取り、30分ほど水でもどして、種ごと小口切りにします。ボールにすべて入れ、魚醤大サジ1杯、塩・コショー、砂糖各少々を加えてよく混ぜます。

◎**出来上がり量のめやす**　約150㎖
◎**保存のめやす**　清潔な保存容器に入れて、冷蔵で2週間。

アリッサ　肉料理やスープの辛味づけに

生の完熟した唐辛子5本、パプリカ(赤)½コはヘタを取り、種ごとみじん切りにし、さらに庖丁でたたいて細かくします。ボールに入れ、オリーブ油小サジ2杯、塩小サジ1杯、クミンパウダー小サジ¼杯を加えて、よく混ぜます。

◎**出来上がり量のめやす**　約200㎖
◎**保存のめやす**　清潔な保存容器に入れて、冷蔵で1カ月。

シトロンコンフィ　鶏や魚のソテーにぴったり

国産レモン2~3コ(300g)は、皮を塩でこすって流水でよく洗い、さっとゆでます。幅5㎜のいちょう切りにします。清潔な保存ビンに入れ、塩30g、水カップ½杯を加えてよく混ぜ、室温に4~5日おきます。

◎**出来上がり量のめやす**　約450㎖
◎**保存のめやす**　清潔な保存容器に入れて、冷蔵で6カ月。

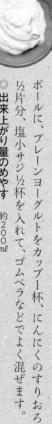

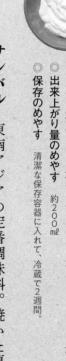

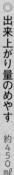

ウスターソース＆中濃ソース

ウスターソースは、19世紀初頭に、イギリスのウースターシャー州で生まれました。半端に余った野菜がもったいないと思った主婦が、香辛料や塩や酢と合わせてねかせておいたところ、偶然にできた、と言われています。

本場ではアンチョビを入れますが、私のレシピでは、より作りやすいように、煮干しでうま味を足します。ここでは、あわせて、中濃ソースの作り方もご紹介します。ウスターソースを作る工程で出る野菜くずを活用して、簡単に作ることができます。野菜くずと言っても、栄養もうま味もまだまだ残っていますから、捨ててしまってはもったいない。食べものを無駄にしない知恵と心は、19世紀でも現代でも変わらない、大事なものですね。

ウスターソース&中濃ソース

材料（作りやすい分量）
玉ねぎ…1コ
にんじん、セロリ…各½本
りんご…1コ
にんにく、しょうが…各2片
トマトの水煮…1缶（400g）
煮干し…10尾（10g）
唐辛子（乾燥／ヘタと種を除く）…3本
ローリエ…3枚
きび砂糖…150g

A
黒酢…カップ¾杯
粗塩…100g
オールスパイス（パウダー）…大サジ½杯
セージ、タイム（ともに乾燥）…各小サジ1杯

◎出来上がり量のめやす
ウスターソース約600ml、中濃ソース約800ml
※ウスターソースのみ作る場合は約1ℓ

◎保存のめやす
ともに清潔な保存容器に入れて、冷蔵で3カ月。

作業時間 合わせて1時間30分
作ったその日から食べられます。

1 材料の下準備

玉ねぎはタテ・ヨコ半分にしてからセンイにそってうす切りに、にんじんは皮をむき、厚さ3mmのいちょう切りにします。セロリは厚さ5mmに、りんごは芯を除いて、皮ごと2cm角に切ります。にんにくはうす切りに、しょうがは皮つきのままうす切りにします。トマトの水煮は手で果肉を粗くつぶします。煮干しは頭とワタを除きます。

2 材料を煮込む

a

b

大きめの厚手の鍋に**1**と唐辛子、ローリエ、水1ℓを入れ、中火にかけます。煮立ったら、フタをせずに弱めの中火にして30分ほど煮ます。
◎アクは取らず、そのまま煮込みます（**a**）。次第に煮汁にトロミがつき、よい香りがしてきます（**b**）。

野菜や果物をじっくり煮込んで。
出てきたアクも無駄にしません。
深い味わいを生み出す秘訣です。

3 カラメルを作る

a

フライパンにきび砂糖を入れ、木ベラでざっとならして広げます。**2**の鍋から、煮汁だけをカップ1/4杯分お玉ですくい、フライパンに加えます（**a**）。

b

中火にかけ、混ぜながら、1〜2分火を入れます。水分が砂糖全体になじみ、フライパンの中心部まで煮立ったら（**b**）、火を止めます。

4 カラメルを加える

2の鍋に**3**のカラメル、**A**を加え、よく混ぜて塩を溶かし、火を止めます。そのまま粗熱を取ります。

5 漉す

4をザルで漉し、煮汁を取り出します。ウスターソースの出来上がりです。

6 中濃ソースを作る

5のザルに残った野菜から唐辛子とローリエを除き、ウスターソースカップ2杯とともにミキサーにかけます。全体がなめらかになったら、中濃ソースの出来上がりです。

シーフードサラダ

エビとホタテを使った、ごちそうサラダ。
中濃ソースの豊かな風味を生かした、
ドレッシングをかけていただきます。

材料と作り方（2人分）

エビ（大正エビ、ブラックタイガーなど）…4尾
ホタテ貝柱…4コ
玉ねぎ…¼コ
きゅうり…½本
サニーレタス…2枚
イタリアンパセリ…2本
オリーブの実（塩漬け、種抜き）…6コ
塩…適量

ドレッシング（作りやすい分量）
自家製中濃ソース…カップ½杯
オリーブ油…カップ½杯

1 エビはカラつきのまま塩水で洗います。頭つきの場合は落とし、背に庖丁で切れ目を入れて、背ワタを除きます。

2 鍋にカップ3杯ほどの湯を沸かし、塩小サジ1杯を入れて、**1**のエビとホタテを1〜2分ゆでます。ザルに上げ、粗熱を取ります。エビのカラをむき、3等分に切ります。ホタテは半分に切ります。

3 玉ねぎは、センイにそってうす切りにします。きゅうりはタテ半分に切り、さらに斜めうす切りにします。サニーレタスは食べやすい大きさにちぎります。イタリアンパセリは葉を摘んで、粗みじんに切ります。

4 小さめのボールにドレッシングの材料をよく混ぜ合わせます。

5 器に**3**のレタスをしき、その上に玉ねぎ、きゅうり、**2**のエビとホタテ、オリーブを盛りつけ、イタリアンパセリを散らします。ドレッシングをかけていただきます。

豚肉と玉ねぎのウスターソース炒め

玉ねぎと絹さやの食感も楽しい、
あっさりとした味わいの炒めもの。
ソースのやさしい甘味が全体をまとめます。

材料と作り方（2人分）

豚切り落とし肉…150g
玉ねぎ…1コ
絹さや…16枚（50g）
ごま油…大サジ1杯
塩…1つまみ
自家製ウスターソース…大サジ3杯

1 豚肉は、大きければひと口大に切ります。玉ねぎはタテ半分に切り、さらに幅1㎝のクシ形に切ります。絹さやはスジを取り、大きければ半分に切ります。

2 フライパンにごま油を中火で熱し、豚肉、玉ねぎを入れて炒めます。

3 豚肉の色が変わったら、塩を振って混ぜ、絹さやを加えます。絹さやがしんなりとして、鮮やかな緑色になるまで、さらに1～2分炒めます。

4 ウスターソースをまわしかけて混ぜ、全体がなじんだら、火を止めて器に盛ります。

4

ハヤシライス

香味たっぷりのウスターソースに
同量の赤ワインを合わせて本格的な味わいに。
バターとパセリが香るライスと相性抜群です。

材料と作り方（2人分）

牛切り落とし肉…200g
玉ねぎ…1コ
トマト（完熟のもの）…1コ
マッシュルーム…4コ
温かいご飯…300g
イタリアンパセリ（葉を摘んでみじん切り）…大サジ1杯
薄力粉、オリーブ油…各大サジ1杯
塩、コショー、バター…各適量

A 自家製ウスターソース、赤ワイン…各カップ1/4杯
水…カップ1杯

1 牛肉は、食べやすい大きさに切ります。バットに入れ、塩・コショー少々を振り、薄力粉をまぶします。

2 玉ねぎはタテ半分に切り、さらにセンイにそって幅5mmに切ります。トマトはヘタを取り、1cm角に切ります。マッシュルームは石突きを落とし、タテに幅5mmに切ります。

3 フライパンにオリーブ油を中火で熱し、**1**の牛肉を広げて入れて、返しながら焼きます。肉の色が変わったら取り出します。

4 **3**のフライパンを強火にかけ、玉ねぎ半量を入れて軽く焼き色がつくまで炒めます。トマトを加え、中火にして煮くずれるまで炒めます。

5 **3**の牛肉を戻し入れ、バター12g、残りの玉ねぎ、マッシュルーム、**A**を加え、混ぜながら、7~8分煮ます。味をみて、塩・コショーでととのえます。

6 ボールにご飯、バター10gを入れてよく混ぜ、イタリアンパセリを加えてさらに混ぜます。器に半量ずつ盛り、**5**を半量ずつよそいます。

青柚子こしょう

&

黄柚子こしょう

柚子と唐辛子、塩を合わせて作る、柚子こしょう。私は毎年夏に、夫の親戚の家で穫れる無農薬の青柚子と青唐辛子をいただいて、青柚子こしょうを作ります。その親戚の家は、東大和市の農家。出荷用の農作物だけでなく、自分たちが食べる野菜なども敷地の隅で作っており、そこで柚子と唐辛子も育てているのです。

お彼岸を過ぎると、たわわに実った柚子は、だんだん皮が黄色く分厚くなって、唐辛子は真っ赤に色づいてきます。これらを使って、黄柚子こしょうを作ることもあります。夏らしい、爽やかな香りとピリリとした辛味が効いた青柚子こしょうに対して、黄柚子こしょうはまろやかで、熟成された味わい。それぞれの特長を生かして、使い分けるとよいでしょう。

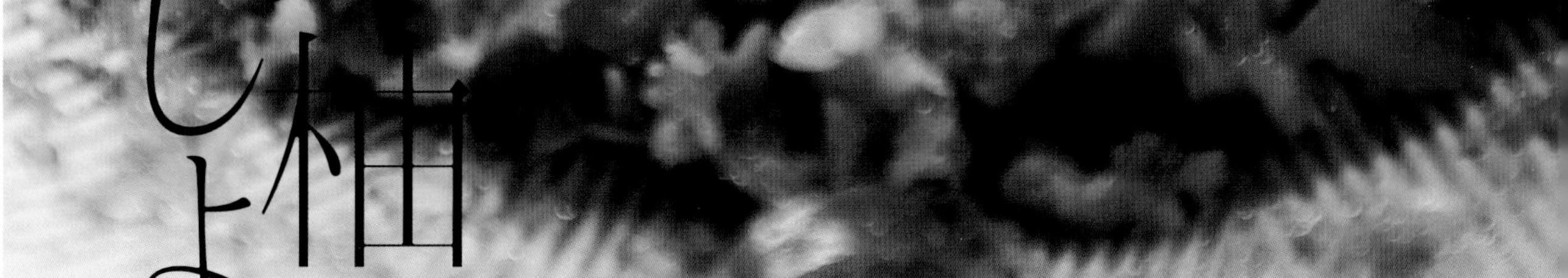

青柚子こしょう

材料（作りやすい分量）
青柚子…10コ（500g）
青唐辛子…10本（65g）
粗塩…30g
必要な道具：調理用手袋1組

◎出来上がり量のめやす
約150㎖

◎保存のめやす
清潔な保存容器に入れて、冷蔵で3カ月。

作業時間 30分
作ったその日から食べられます。

1 皮をすりおろす

青柚子はよく洗って、キッチンペーパーで水気を拭き取ります。おろし金で、外皮の緑色の部分だけをすりおろします。ところどころ残った皮は、庖丁でごくうすくむいて、細かく刻みます。
◎緑色の下の白い部分は苦味が強いので、なるべくおろさないようにします。

2 果汁をしぼる

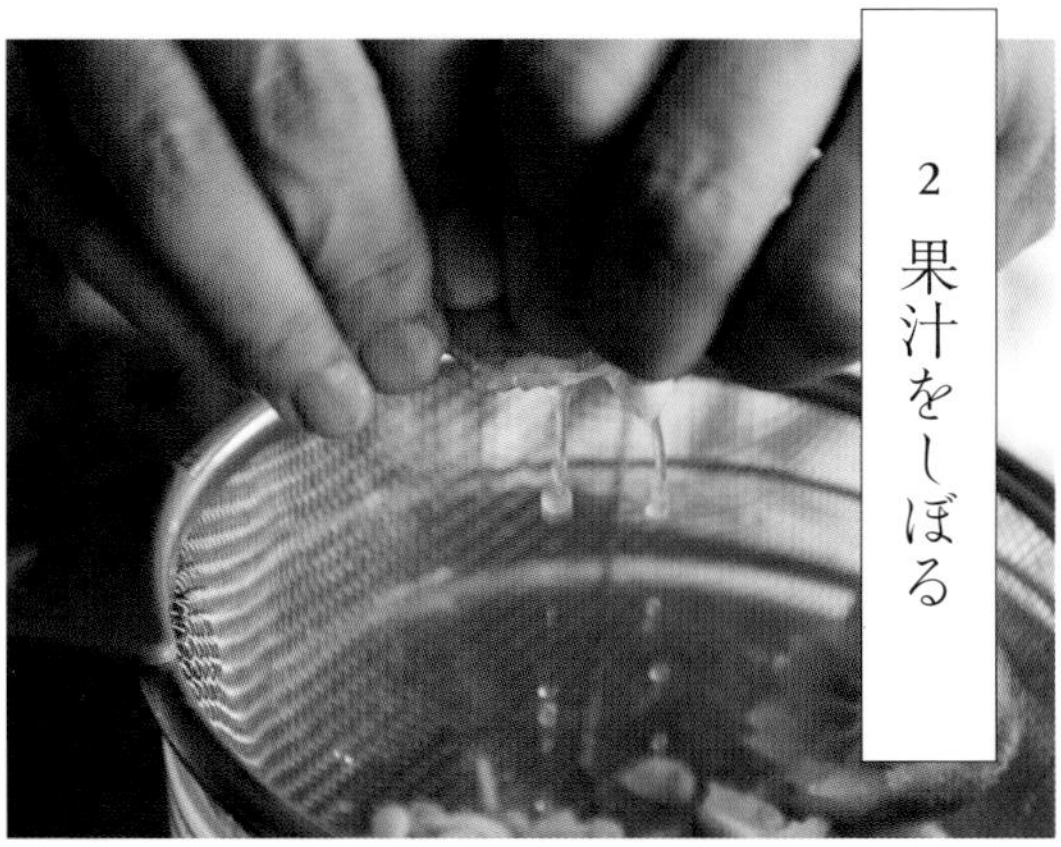

1の青柚子適量をヨコ半分に切ります。小さめのボールにザルを重ね、その上で青柚子をしぼって、果汁を取り分けます。

3 青唐辛子を刻む

a

b

青唐辛子はヘタを取り、種ごとうすい小口切りにして（**a**）、さらに細かいみじん切りにします（**b**）。
◎青唐辛子は皮膚への刺激が強いので、調理用手袋をして作業します。

旬を逃さず作りたい、夏ならではの調味料。
すりおろしたり、刻んだりした材料を
合わせるだけと、作り方は簡単です。

4 青唐辛子をつぶす

すり鉢に3の青唐辛子を入れ、すりこ木で粗くすりつぶします。

5 材料を合わせる

a

b

4に1の青柚子の皮、塩を加え（a）、すり混ぜます。
◎はじめはすりこ木を垂直に下ろしてたたきつぶすようにし（b）、おおむねなじませてからすり混ぜると、手早くできます。

6 仕上げる

好みの粗さになるまですり混ぜたら出来上がりです。水分が少なく、パサつくようであれば、2で取り分けた果汁を、様子を見ながら少しずつ加えて混ぜます。
◎すぐに食べられますが、時間が経つにつれて、さらに味がなじみます。
◎柚子の果汁が残ったら、「ポン酢しょう油」にするのがおすすめです（作り方は22頁）。

アジの南蛮漬け

少ない油でアジをカラッと揚げて。
青柚子こしょうを効かせた甘酢は、
ピリリとあとを引く味わいです。

材料と作り方（2人分）

アジ（三枚おろし）…2尾分
玉ねぎ…½コ（100g）
ピーマン…1コ
パプリカ（赤）…¼コ
薄力粉…大サジ1杯
片栗粉…大サジ2杯
自家製青柚子こしょう、揚げ油…各適量

A
酢、砂糖…各大サジ2杯
自家製青柚子こしょう…小サジ1杯

1 玉ねぎはセンイにそってうす切りにします。ピーマンはタテ半分に切ってから、ヘタとワタを除き、タテに幅3㎜の細切りにします。パプリカもピーマンと同様に切ります。

2 ボールに**A**と水大サジ2杯を入れてよく混ぜます。**1**の野菜を加えてざっと和え、5分以上おきます。

3 アジは小骨をていねいに取り除き、大きめのひと口大にそぎ切りにします。バットに並べ、薄力粉をまぶします。続いて片栗粉もまぶします。
◎薄力粉、片栗粉の順でまぶすと、衣がカリッとした食感に揚がります。

4 フライパンに深さ2㎝位まで揚げ油を入れ、中火で170℃に熱し、**3**を皮目から入れます。1分30秒位揚げて、身の色が七割がた変わったら返し、さらに1分30秒位揚げて、油をきります。

5 **4**を器に盛り、**2**の野菜をのせて漬け汁をまわしかけ、青柚子こしょうをのせます。

冷や汁

かつおぶしと白ごま、みそをよくすり混ぜ、
コクを出すのがポイント。
青柚子こしょうの風味が全体をひきしめます。

材料と作り方（2人分）

絹ごし豆腐…100g
長ねぎ…¼本
きゅうり…½本
みょうが…1コ
青じそ…2枚
かつおぶし…5g
みそ…大サジ2杯
白炒りごま、自家製青柚子こしょう、温かい麦ご飯…各適量

1 豆腐は手でひと口大にちぎります。長ねぎ、きゅうり、みょうがはうすい小口切りにします。青じそはせん切りにします。

2 かつおぶしは耐熱容器に入れて、600Wの電子レンジで30～40秒加熱し、パリッとさせます。大きめのすり鉢にかつおぶし、白炒りごま大サジ3杯を入れ、すりこ木ですり混ぜます。全体がなじみ、ごまから油が出てポロポロとしてきたら、みそを加えてさらにすり混ぜます。水カップ2杯を少しずつ加え、さらによく混ぜて、みそを溶かします。

2

3 2に1の豆腐と野菜を入れて、軽く混ぜます。氷適量を浮かべ、白炒りごま適量を振って、青柚子こしょうをのせます。器によそった温かい麦ご飯にかけていただきます。

黄柚子こしょう

黄柚子なら、
また違う味わいに。

材料（作りやすい分量）

黄柚子…1コ（150g）
唐辛子（乾燥）…2本
塩…大サジ1杯

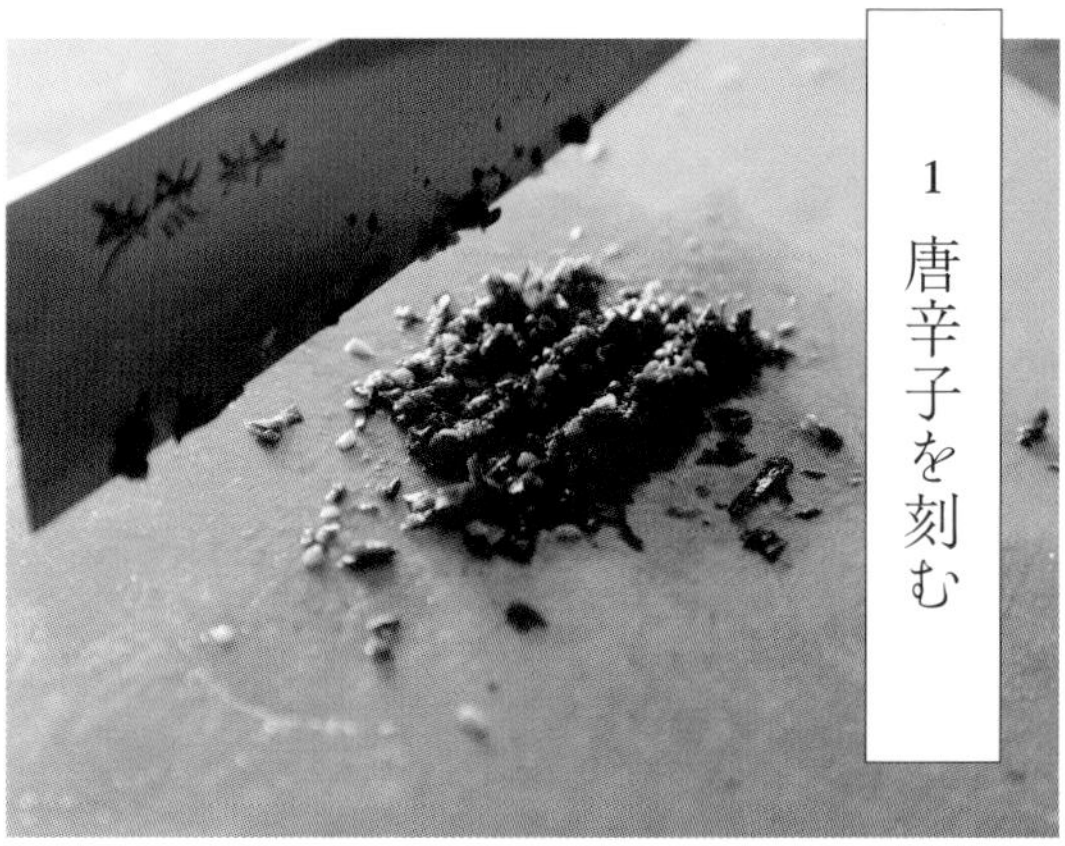

1 唐辛子を刻む

唐辛子はヘタを取り、水に30分ほどつけてもどして、種ごと細かく刻みます。

2 柚子の果汁をしぼる

黄柚子はよく洗って、キッチンペーパーで水気を拭き取り、ヨコ半分に切ります。小さめのボールにザルを重ね、その上でしぼって果汁を取り分けます。

◎柚子の果汁は、「黄柚子こしょう」には使いません。「ポン酢しょう油」にするのがおすすめです（作り方は22頁）。

3 ヘタとスジを取り除く

2の黄柚子のヘタと、皮の内側にある白いスジを取り除きます。

4 皮を刻み、塩を加えてたたく

3を粗みじんに切り、塩を加え、好みの細かさになるまで庖丁でたたきます。

5 唐辛子と合わせる

4に**1**の唐辛子を加えて、さらに庖丁でたたき、全体をなじませます。

◎すぐに食べられますが、時間が経つにつれて、さらに味がなじみます。

◎**出来上がり量のめやす**
約150㎖

◎**保存のめやす**
清潔な保存容器に入れて、冷蔵で3カ月。

作業時間 15分
作ったその日から食べられます。

鶏ささ身のレンジ蒸し

電子レンジで作れる簡単メニュー。
黄柚子こしょうとかいわれ大根の
香りと辛味が効いています。

材料と作り方（2人分）

鶏ささ身…2本（130g）
かいわれ大根…½パック
日本酒…大サジ1杯
自家製黄柚子こしょう…適量

1 鶏肉は耐熱容器に入れ、日本酒、黄柚子こしょう大サジ1杯を振って、手でまぶします。

2 **1**の耐熱容器にラップをふんわりとかけて、600Wの電子レンジで2分30秒ほど加熱します。粗熱が取れたらラップを外し、ささ身を大まかに裂きほぐし、そのまま冷まします。

3 かいわれ大根は根を落とし、3等分に切ります。

4 ボールに**2**のささ身、**3**のかいわれ大根を入れて混ぜ合わせ、器に盛ります。黄柚子こしょう適量をのせます。

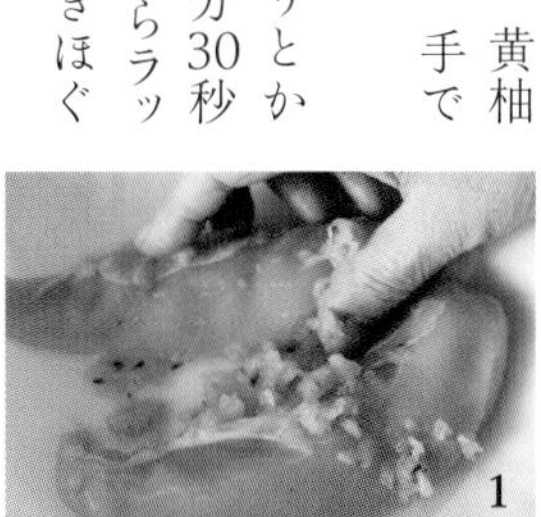
1

サワラの幽庵焼き

黄柚子がふんわりと上品に香ります。
サワラの皮にみりんを塗ることで、
パリッとした食感に焼き上げます。

材料と作り方（2人分）
サワラ…2切れ
大根おろし…大サジ3杯
自家製黄柚子こしょう
…小サジ2と½杯
みりん…適量

A〔混ぜ合わせる〕
みりん、日本酒、しょう油
…各大サジ½杯
自家製黄柚子こしょう
…小サジ½杯

1 サワラはバットに入れ、**A**をまわしかけて全体にまぶし、15分〜一晩おきます。

2 小さめのボールに、大根おろしと黄柚子こしょうを混ぜ合わせます。
◎1で長時間サワラを漬け込んだ場合は、2で大根おろしに混ぜ合わせる黄柚子こしょうを減らすなどして、塩味を調整します。

3 魚焼きグリルを温め、水気をきった**1**のサワラを皮目を上にして並べ、中火で5〜6分焼きます。途中で、ハケでサワラの皮にみりんを塗ります。
◎片面焼きグリルの場合は、途中でサワラの上下を返します。

1

4 器にサワラをのせ、軽く水気をきった**2**の黄柚子おろしを添えます。

梅酢&梅干し

一般に、梅を塩で漬けるとしみ出てくるのが「梅酢」ですが、この本でご紹介するのは、梅を同量の砂糖と塩で漬けるレシピです。味わいがまろやかで、そのまま料理酢として使えます。漬けた梅を干せば、白梅干しができます。赤じそを加えて漬けた赤い梅干しとはまた違った梅本来の風味を楽しめます。

完熟梅は初夏、短い期間に出回る果実です。私も毎年、この時季を楽しみに梅を漬けていますが、ある年は忙しくて、すぐに作業できませんでした。それで、梅を冷凍保存し、手があいてから、ようやくそれを漬けたのです。すると梅酢はたっぷり上がって、梅干しの皮は柔らかく、おいしくできました。忙しい方も気負わずに作ってみてください。

梅酢&梅干し

材料（作りやすい分量）
冷凍梅（完熟梅をポリ袋に入れ、一晩以上冷凍する）…1kg
きび砂糖、塩…各100g

◎**出来上がり量のめやす**
梅酢約500㎖、梅干し約1ℓ

◎**保存のめやす**
ともに清潔な保存容器に入れて、冷蔵で1年（冷凍可）。

作業時間　合わせて60分
ねかせる時間　1カ月位

1 砂糖と塩を合わせる

ボールに砂糖と塩を入れ、よく混ぜ合わせます。

2 梅をビンに入れる

冷凍梅をザルに入れて流水で洗い、水気をきります。なり口が気になるようなら取り除きます。大きめの保存ビンに入れます。

3 塩と砂糖を加える

2の上から**1**の砂糖と塩を振ります。フタをして、冷暗所に置きます。

4 1カ月おく

砂糖と塩を加えてから、1~2日で、梅から梅酢がしみ出てきます（**a**）。これを「梅酢が上がる」と言います。

b

1日1回、保存ビンをゆすって、砂糖と塩を完全に溶かします（**b**）。塩と砂糖が溶けたら、そのまま1カ月位おきます。

5 梅酢を取り分ける

ボールに盆ザルを重ね、その上で**4**を空け、梅酢を取り分けます。梅酢は別の保存容器に移します。

冷凍梅を使えば、
皮まで柔らかな梅干しに。
砂糖と塩で漬け込むことで
塩分濃度を低く抑えます。

6 梅を干す

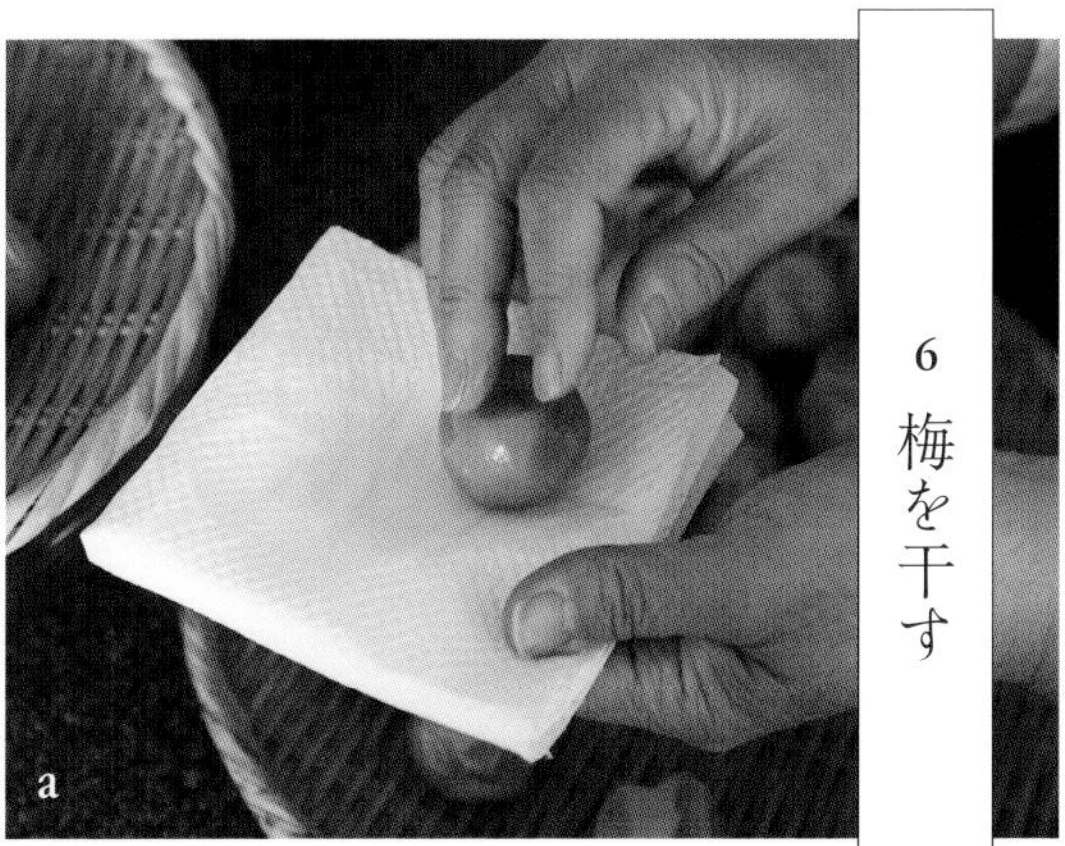

a

b

天気のよい日を選んで、梅を干します。キッチンペーパーで、**5**の梅の汁気をそっと拭き取り、別の盆ザルに梅を並べます（**a**）。4〜5時間位、天日に干します（**b**）。途中で梅の上下を返します。日が沈んだら、**5**の空きビンに戻します。この天日干しを2〜3度くり返し、好みの具合に乾かしたら、梅干しの出来上がりです。

◎梅同士がくっつかないように等間隔で並べます。梅の皮が破れないように注意して、やさしく扱います。

梅酢ちらし

ご飯に自家製梅酢を混ぜれば即席酢飯に。
切り干し大根を多めに煮たら、
ちらし寿司にするのがおすすめです。

材料と作り方（2〜3人分）

米…2合
切り干し大根（乾燥／にんじん、椎茸入り）…30g
さやいんげん…2本
油揚げ…1枚
揉み海苔…1枚分
白ごま（半量をひねる）…大サジ1杯
しょうがの甘酢漬け（細切り）…1片分
自家製梅酢…大サジ3杯
塩…少々

A
きび砂糖…大サジ2杯
日本酒、しょう油…各大サジ1杯
塩…1つまみ

B（混ぜ合わせる）
玉子…1コ
砂糖…小サジ1杯
塩…少々

1 切り干し大根は揉み洗いして、表示通りに水でもどします。油揚げはタテ半分にし、さらにヨコに細切りにします。鍋に切り干し大根、A、油揚げ、もどし汁カップ1杯を入れて、中火にかけて汁気がなくなるまで煮ます。粗熱を取ります。

2 米は炊飯器で普通に炊きます。飯台にご飯をあけ、梅酢を全体に振って、しゃもじで切るように混ぜます。粗熱を取り、全体をならして、かたくしぼったぬれブキンをかけておきます。

3 フライパンにBを入れ、弱火にかけます。菜箸5本をまとめて持ってかき混ぜ、半熟になったら火から下ろしさらに混ぜます。

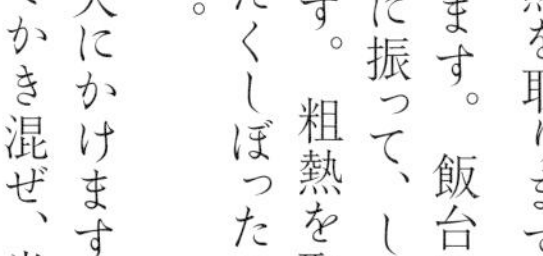

4 さやいんげんはさっとゆでます。斜めうす切りにし、塩をまぶし、水気をしぼります。

5 2の全体に、順に、海苔、1、ひねりごま、3、4、残りのごま、しょうがの甘酢漬けを散らします。

◎しょうがの甘酢漬けの作り方・小鍋にうす切りにした新しょうが、ヒタヒタの梅酢を計って入れ、中火で2〜3分煮て火を止めます。梅酢と同量の砂糖を入れて混ぜ、冷まします。

梅酢鶏

カリッと揚げた鶏肉に、梅干し入りの
甘酸っぱいソースをからめて。
食欲をそそる中華風のひと皿です。

材料と作り方（2人分）

鶏もも肉…1枚（200g）
玉ねぎ…小½コ
にんじん…⅓本
ピーマン…大1コ
自家製梅酢…大サジ1杯
コショー…少々
薄力粉…大サジ1杯
片栗粉…大サジ2杯
揚げ油…適量
A 自家製梅干しの果肉…1コ分
日本酒、砂糖、水…各大サジ1杯
しょう油…小サジ1杯

1 鶏肉はひと口大に切ります。ボールに入れて、梅酢、コショーを加え、手で揉み込みます。

2 玉ねぎは大きめのクシ形に切ります。にんじんは小さめの乱切りに、ピーマンはヘタとワタを取って小さめの乱切りにします。梅干しの果肉は庖丁でたたき、ボールに**A**を混ぜ合わせます。

3 フライパンに深さ1cm位まで油を入れて、中火で170℃に熱します。**2**のにんじんを入れ、しんなりとするまで揚げて取り出し、油をきります。続いて玉ねぎ、ピーマンを入れ、ピーマンの色が鮮やかになったら、ともに取り出して油をきります。

4 **1**の鶏肉の汁気をきってバットに入れ、薄力粉をまぶします。続いて片栗粉もまぶします。ふたたび**3**の油を170℃に熱して鶏肉を入れ、返しながら6〜7分揚げて、油をきります。油をオイルポットに移します。
◎**薄力粉、片栗粉の順でまぶすと、カリッとした食感になります。**

5 フライパンを拭かずにそのまま中火にかけ、**3**の野菜、**4**の鶏肉を戻し入れます。**A**を加えて手早く混ぜ合わせ、器に盛ります。

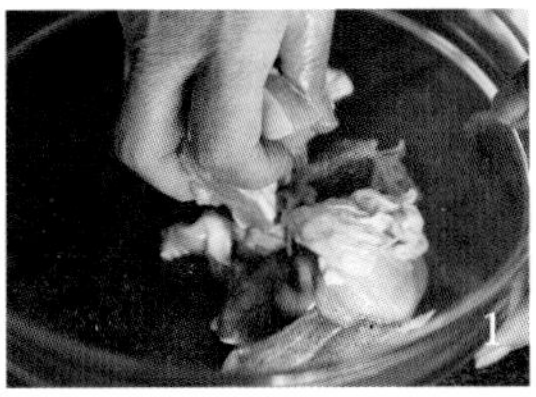
1

5

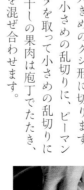

魚介の酢のもの

合わせ酢を具材にかけるだけ。ゆでダコはイカやホタテに代えても。

材料と作り方（4人分）

ワカメ（塩蔵）…10g
ゆでダコ…80g
きゅうり…1本
しょうが…1片
塩…少々
A（混ぜ合わせる）
―自家製梅酢…大サジ1杯
―きび砂糖、水…各小サジ1杯

1 ワカメは表示通りに水でもどします。ボールに入れて熱湯をかけ、ザルに上げます。流水で洗って水気をきり、食べやすい大きさに切って、さらにキッチンペーパーで水気を拭き取ります。

2 タコはうすいそぎ切りにします。きゅうりはうすい輪切りにし、ボールに入れます。塩を振って軽く揉み、流水で洗います。手でしぼってキッチンペーパーで水気を拭き取り、さらにしぼります。

3 しょうがは皮をむいてごく細いせん切りにします。ボールに入れて水にさらし、キッチンペーパーで水気を拭き取ります。

4 器に**1**、**2**を盛り合わせ、**3**をのせ、**A**をかけます。

ひじきとキャベツの梅酢サラダ

梅風味のドレッシングでさっぱりと。タンパク質もとれる、栄養面でも嬉しいサラダ。

材料と作り方（3〜4人分）

芽ひじき（乾燥）…15g
キャベツ…1枚（100g）
ひよこ豆（水煮またはドライパック）…50g
ツナ（缶）…80g
A（混ぜ合わせる）
―自家製梅干し（種を取り、たたく）…1コ分
―自家製梅酢…大サジ1杯

1 芽ひじきはさっと洗って表示通りに水でもどし、ザルに上げます。

2 キャベツは2×4cm位に切り、さっとゆでて菜箸などでザルに取り、軽くしぼります。同じ鍋の湯で**1**の芽ひじきもさっとゆでてザルに上げ、軽くしぼります。

3 ボールに**2**、水をきったひよこ豆、ツナを汁ごと入れ、**A**を加えてよく和え、器に盛ります。

しょう油

「しょう油」は、日本に暮らす私たちの食卓に欠かせない調味料のひとつ。毎日のように使う調味料だからこそ、手づくりすることで、食事の質をぐんと良くしてくれます。

しょう油もまた、祖母の作り方にならって作っておりましたが、近年は少し作業を簡単にして、仕上げています。炒り大豆と麦こうじ、塩、水をビンに入れて、混ぜるだけです。この「混ぜる」作業が、発酵の過程ではとても大切で、おいしさに繋がります。ですから、レシピには「はじめの1~2カ月は、毎日かき混ぜます」としました。でも、2~3日、忘れたって大丈夫です。気楽においしく作ってください。半年ほど発酵させれば出来上がります。手づくりの楽しさと、豊かな味わいを感じていただけたらうれしいです。

しょう油

材料（作りやすい分量）
炒り大豆、麦こうじ、塩
…各350g

◎**出来上がり量のめやす**
約2ℓ

◎**保存のめやす**
清潔な保存容器に入れて、冷蔵で1年。

作業時間　20分
ねかせる時間　6カ月

炒り大豆、麦こうじ、塩を合わせたら、混ぜてねかせるだけ。

1 材料を合わせる

大きめの保存ビンに、炒り大豆、麦こうじ、塩、水2ℓを入れ、木ベラでよく混ぜ合わせます。

2 保存ビンで発酵させる

フタを5㎜位ずらしてのせ、冷暗所で6カ月位ねかせます。はじめの1～2カ月は、木ベラで毎日1回混ぜて、発酵を進めます。

◎ビンが割れるのを防ぐため、金属製のお玉などは避け、木ベラで混ぜましょう。発酵が進むにつれてだんだんと全体がなじみ、不透明な茶色になってきます。

3 ザルで漉す

ボールに重ねたザルで**2**を漉します。

4 火を入れる

3で取り分けた液体を鍋に入れ、弱火にかけます。途中、アクを取ります。沸いたら、2～3分煮て火を止めます。

5 もう一度漉す

厚手のキッチンペーパーをしいたザルをボールに重ね、**4**が熱いうちに漉します。

◎2～3時間かけて、ゆっくりと漉します。キッチンペーパーはしぼりません。

◎3でザルに残った豆は、フードプロセッサーにかけ、みそとして使うことができます。

サバの竜田揚げ

衣はサクサク、中はしっとり。
しょうがじょう油に漬け込んだサバに
片栗粉をしっかりとまぶすのがコツ。

材料と作り方（1人分）

サバ（三枚おろし）…½尾分
しょうが汁…1片分
片栗粉…大サジ2杯
塩…1つまみ
自家製しょう油…大サジ1杯
日本酒…小サジ½杯
揚げ油…適量
レモン…½コ

1 サバは小骨を除き、ヨコに4等分に切ります。

2 バットに、**1**のサバを皮目を下にして並べ、身に塩を振ります。続けて、しょうが汁、しょう油、日本酒を振り、上下を返して全体をなじませ、10～15分おきます。

3 別のバットに、**2**のサバを汁気をきって入れ、片栗粉を振ってしっかりとまぶします。

4 フライパンに深さ1cm位まで油を入れて、中火で170℃に熱します。**3**のサバを入れ、2分位揚げて、返します。さらに2分位揚げ、衣がところどころうすく色づいたら、取り出して油をきります。器に盛り、レモンを添えます。

肉豆腐

ご飯のおかずにもおつまみにも。
柔らかな絹ごし豆腐に煮汁をまわしかけ、
牛肉のうま味と甘辛味を含ませます。

材料と作り方（2人分）

牛切り落とし肉…100g
絹ごし豆腐…250g
長ねぎ…1本
A 自家製しょう油…大サジ2と½杯
　砂糖…大サジ1杯
　日本酒…カップ¼杯

1 牛肉は、食べやすい大きさに切ります。

2 豆腐はヨコに2等分に切り、キッチンペーパーで水気を拭き取ります。長ねぎは幅5㎜の斜め切りにします。

3 小さめの土鍋、または鉄鍋に水カップ½杯、**A**を入れて軽く混ぜ、中火にかけます。沸いたら、**1**の牛肉、**2**の豆腐と長ねぎを入れ、肉と豆腐にスプーンなどで煮汁をまわしかけながら、7〜8分煮ます。牛肉に火が通ったら、いただきます。

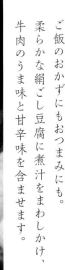

米みそ

米みその作り方は、祖母のやり方を見て自然と覚えました。祖母は冬のある日、一日がかりでたくさんの大豆をゆでて、1年分のみそを仕込んでいました。大豆の収穫期は秋〜初冬。新米からおこした「米こうじ」が手に入るのも同じ頃ですから、自然と「寒仕込み」となるわけです。気温の低い冬に仕込むことで、雑菌の繁殖が抑えられ、ゆっくりと発酵がすすんでおいしくなるという理由もあります。材料が手に入りやすくなった今は、いつ作り始めても構いませんが、夏場は温度が上がり過ぎないように、適宜冷蔵庫に入れ、時間をかけて低温発酵させるのもよいでしょう。

自家製の米みそは、こっくりと滋味深い味わい。ダシをとらずに、具だくさんのみそ汁にしても、とてもおいしいです。

米みそ

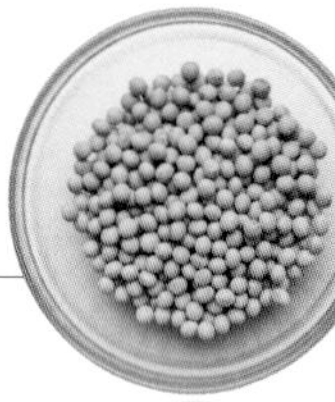

材料（作りやすい分量）
大豆（乾燥）、米こうじ…各250g
塩…125g

◎**出来上がり量のめやす**
約1kg

◎**保存のめやす**
清潔な保存容器に入れて、冷蔵で6カ月（冷凍可）。

作業時間　2時間30分
ねかせる時間　6カ月

1 大豆をもどす

ボールに大豆とたっぷりの水を入れ、一晩おいてもどします。
◎42頁「コチュジャン」手順**1**と同様にもどしても結構です。

2 大豆をゆでる

a

鍋に**1**の大豆をもどし汁ごと入れ、かぶる位まで水を足して中火にかけます。沸いたら、弱めの中火にし、1時間30分位ゆでます（**a**）。

b

c

途中で大豆が顔を出したら、水を適宜足します。指で軽くつまんでつぶれる位に大豆が柔らかくなったら（**b**、**c**）、火を止め、ボールに重ねたザルに上げます。ボールに取り分けた煮汁は粗熱を取ります。

3 大豆をつぶす

2の大豆が熱いうちに、二重にしたポリ袋に入れ、少し粒が残る位までめん棒でのしてつぶします。50℃以下まで冷まします。

4 塩きりこうじを作る

ボールに米こうじ、塩を入れてよく手で合わせます。米こうじが固まっている場合は手でよくほぐし、パラパラの状態にします。

5 大豆、煮汁を加える

4のボールに**3**の大豆を加えて手でよく混ぜ、**2**で取り分けた煮汁を少量ずつ加えます（**a**）。しっとりとして、手で握るとまとまる位がめやすです（**b**）。

大豆は指でつぶれる位に
柔らかくゆでます。
途中で加える煮汁がみその発酵を促します。

6 団子状にして詰める

5をぎゅっと握って空気を抜き、直径6㎝位の団子状に丸めます。保存容器に詰めます。

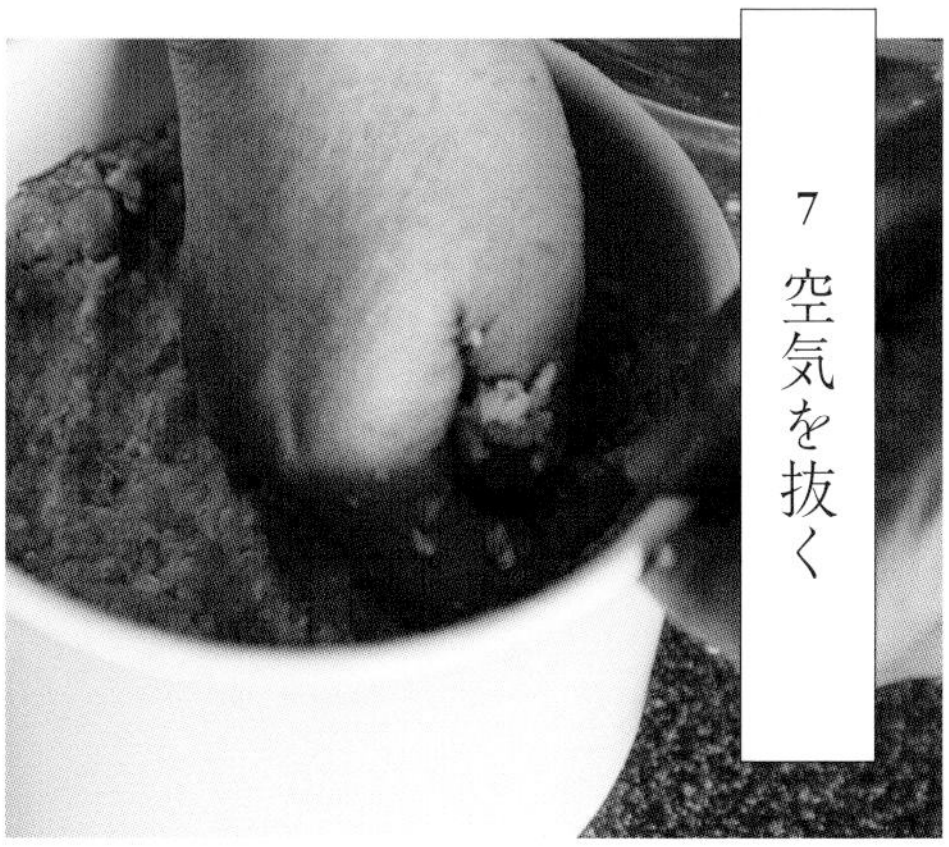

7 空気を抜く

6を上から手で何度も押さえ、まんべんなく空気を抜きます。

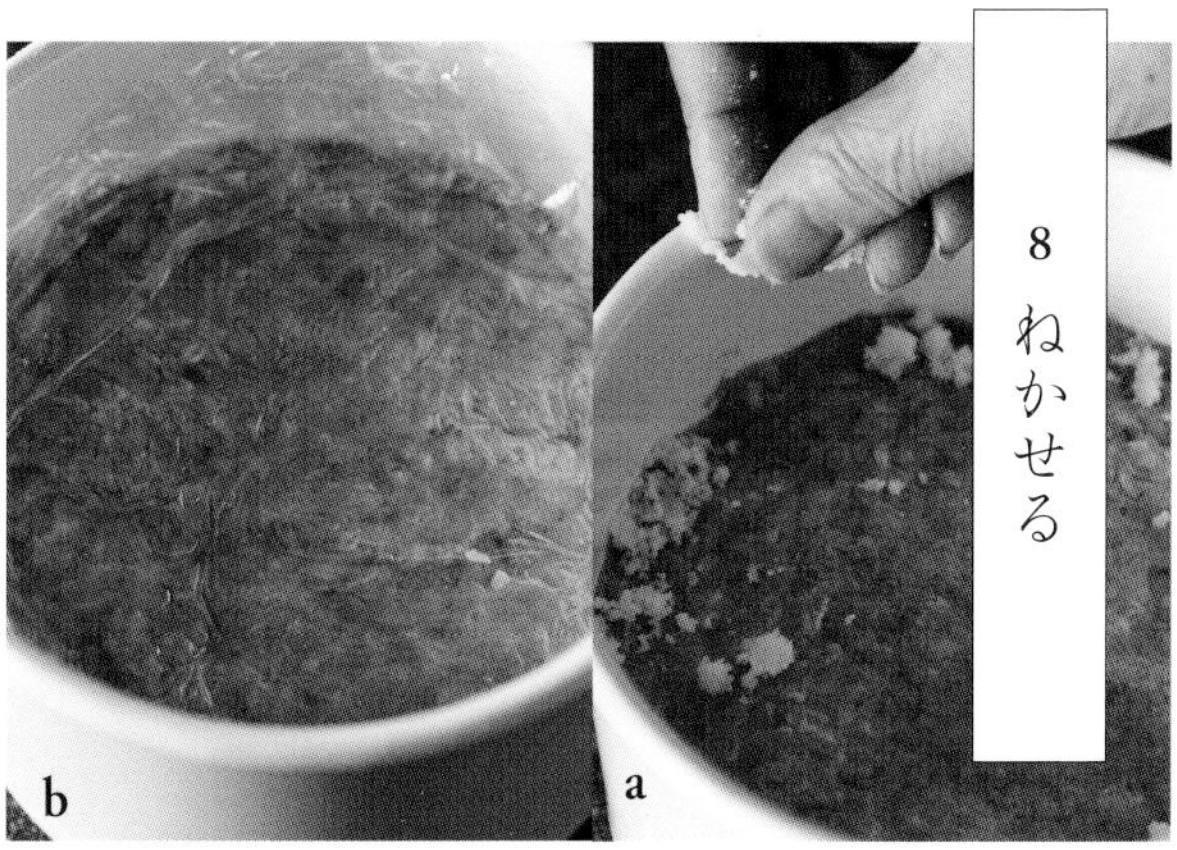

8 ねかせる

7の表面を平らにし、カビを防ぐために、キッチンペーパーなどで容器の内側をきれいに拭います。容器にそって塩適量（分量外）を振り（**a**）、ラップでぴったりと表面を覆って（**b**）、冷暗所で6カ月位ねかせます。

◎6カ月後から食べられますが、時間が経つにつれてさらに味がなじみます。
◎夏場に仕込んだ場合、温度が上がり過ぎないように気をつけ、適宜冷蔵庫に入れるなどして、雑菌を繁殖させないようにします。

豚肉のみそ漬け焼きと豚汁

豚肉は一晩ねかせ、しっかりと味をつけます。肉の切れ端とみそ床をうまく使って豚汁も作れば、献立がさっとととのいます。

材料と作り方（2人分）

豚ロース肉（とんかつ用）…2枚（300g）
サニーレタス…適量
（混ぜ合わせる）
A 自家製米みそ…100g
砂糖、日本酒、みりん…各大サジ1杯

豚汁の具材
大根（皮ごと幅3㎜のいちょう切り）…3㎝（100g）
ごぼう（ささがき）…10㎝（30g）
にんじん（幅3㎜の短冊切り）…3㎝（30g）
長ねぎ（白い部分は幅1.5㎝の筒切り／青い部分は小口切り）…12㎝

1 豚肉は両面を庖丁の背でたたきます。

2 片方の豚肉の片面にAの¼量を塗ります。ラップを広げ、その上に、みそを塗った面を下にして豚肉を置きます。上面にAの半量を塗り、もう片方の豚肉を重ね、上から残りのAを塗ります。ラップでぴったりと包んで冷蔵庫に入れ、一晩おきます。

3 2の豚肉から、ゴムベラなどでAのみそをこそげ取り、それぞれ端1㎝を切り落とします。切り落とした豚肉は食べやすい大きさに切り、こそげたみそとともに取り置きます。

2

4 魚焼きグリルを温めます。弱火にし、3の豚肉を並べて15～17分かけて焼きます。食べやすく切って器に盛り、サニーレタスを添えます。
◎**片面焼きグリルの場合は、途中で豚肉の上下を返します。途中で肉が焦げるようであれば、アルミホイルをかぶせます。**

5 小鍋に水カップ2杯、大根、ごぼう、にんじん、長ねぎの筒切りを入れ、中火にかけます。沸いたら、3で取り分けた豚肉を加えて2～3分煮ます。3で取り分けたみそ大サジ3～4杯を溶いて器によそい、長ねぎの小口切りを散らします。

田楽3種

米みそに砂糖とみりんで甘味を加えた田楽みそは、こっくりとした味わい。ゆでた大根や焼いた厚揚げにもよく合います。

材料と作り方（2人分）

焼き豆腐…250g
こんにゃく…100g
米なす（タテに切る）…½コ分
サラダ油…大サジ1杯
黄柚子の皮（せん切り）、細ねぎ（小口切り）、
白炒りごま、揚げ油…各適量

A（混ぜ合わせる／作りやすい分量）
自家製米みそ…200g
みりん…大サジ3杯
砂糖、日本酒…各大サジ2杯

1 小鍋に**A**を入れて混ぜ、弱火にかけます。鍋の中央がフツフツとするまで煮詰め、火を止めます。

2 豆腐はタテに幅1.5㎝に切って、キッチンペーパーの上に5分位おき、さらに水気を拭いて竹串を刺します。

3 こんにゃくは対角線上を切って三角形にし、さらに厚みを半分に切って、竹串を刺します。

4 なすはヘタに庖丁を入れてガクを除き、皮の面をうすくそいで平らにします。皮の面に幅1.5㎝の格子状に庖丁で切り込みを入れます（**a**）。断面にも幅1.5㎝の斜め格子状に切り込みを入れます（**b**）。

5 **3**のこんにゃくを3分位ゆでます。水気をきって器に盛り、上部に**1**のみそ適量を塗って、柚子の皮を散らします。

6 フライパンにサラダ油を中火で熱し、**2**の豆腐を断面を下にして入れ、両面に焼き色がつくまで焼きます。器に盛り、上部に**1**のみそ適量を塗って、細ねぎを散らします。

5 フライパンに深さ1㎝位まで揚げ油を入れて中火にかけ、170℃に熱します。**4**のなすを皮を下にして入れ、返しながら3分位揚げます。色づいたら取り出して、油をきります。断面を上にして器に盛り、**1**のみそ適量を塗って、ごまを散らします。

4-a

4-b

さくいん

おかず

肉

魚介

野菜

荻野恭子（おぎの きょうこ）

東京生まれ。料理研究家、栄養士。女子栄養短期大学卒業。各種の料理学校に通って世界の料理を学んだほか、世界60ヵ国以上を訪れ、現地のレストランや家庭で料理を習い、食文化の研究を続けている。料理教室「サロン・ド・キュイジーヌ」を主宰。『おいしい料理は、すべて旅から教わった』（ＫＡＤＯＫＡＷＡ）、『世界の味をおうちで楽しむ旅するスープ』（ナツメ社）など著書多数。

https://www.cook-ogino.jp/

写真　木村 拓（東京料理写真）
スタイリング　佐々木カナコ
デザイン　天野美保子
プリンティングディレクター　小林武司（凸版印刷株式会社）
校閲　暮しの手帖社　オフィスバンズ

手づくり調味料のある暮らし

二〇二〇年三月十八日　初版第一刷発行
著者　荻野恭子
発行者　阪東宗文
発行所　暮しの手帖社
東京都千代田区内神田一ー一三ー一　三階
電話　〇三ー五二五九ー六〇〇一
印刷所　凸版印刷株式会社

本書は『暮しの手帖』4世紀95号〜5世紀1号の連載に、新たな内容を加えたものです。
落丁・乱丁がありましたらお取りかえいたします。
定価はカバーに印刷してあります。

ISBN978-4-7660-0215-7 C2077